典藏版

鐵道新旅

Taiwan Railways 2 縱貫線北段

縱貫線北段—32站深度遊

台北市定古蹟：台北機廠組立工場。 攝影／古庭維

遠足文化
Walkers Cultural

鐵道新旅

Taiwan Railways

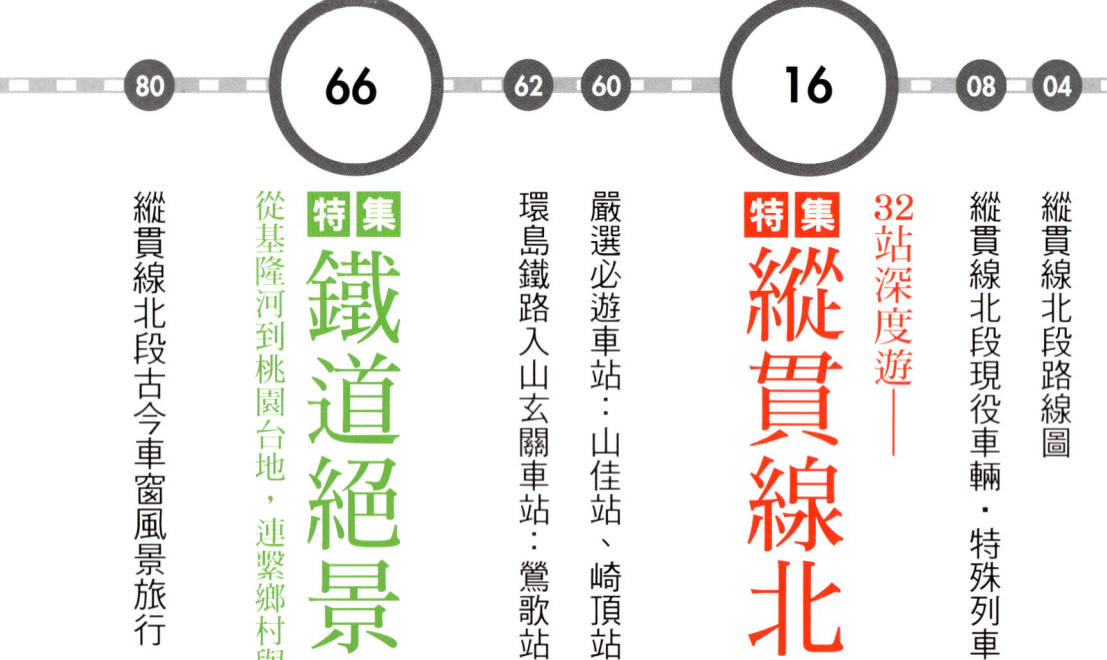

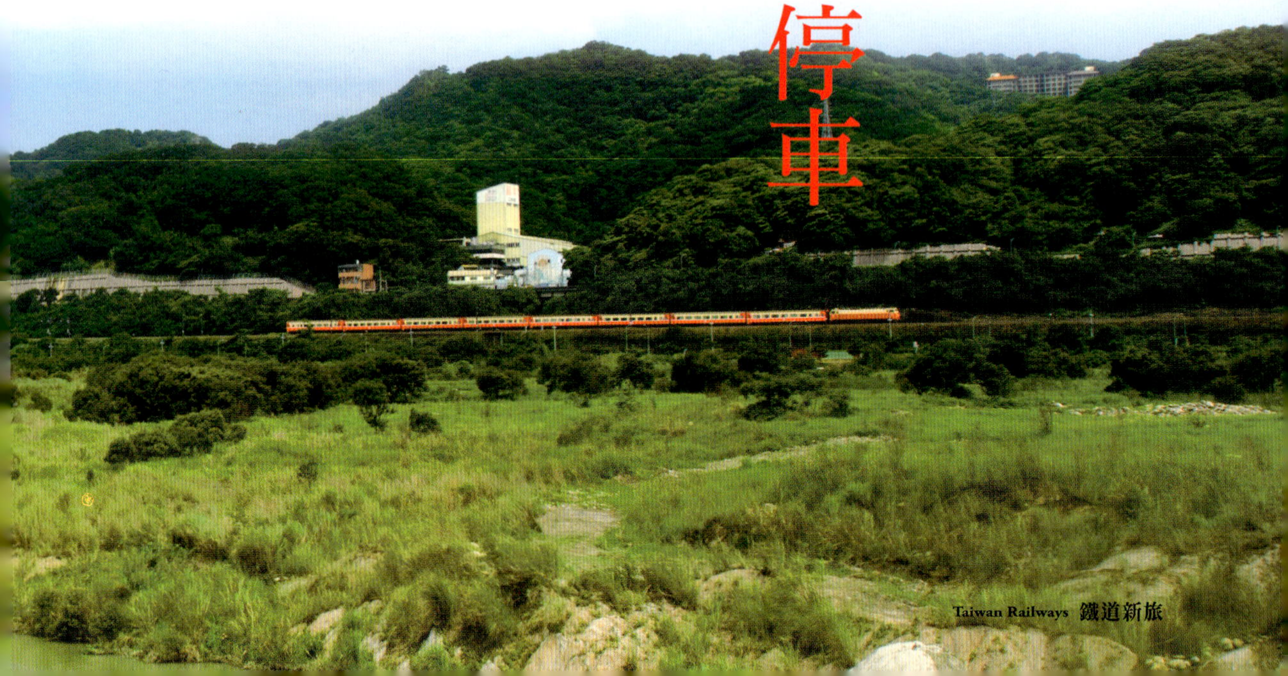

CONTENTS

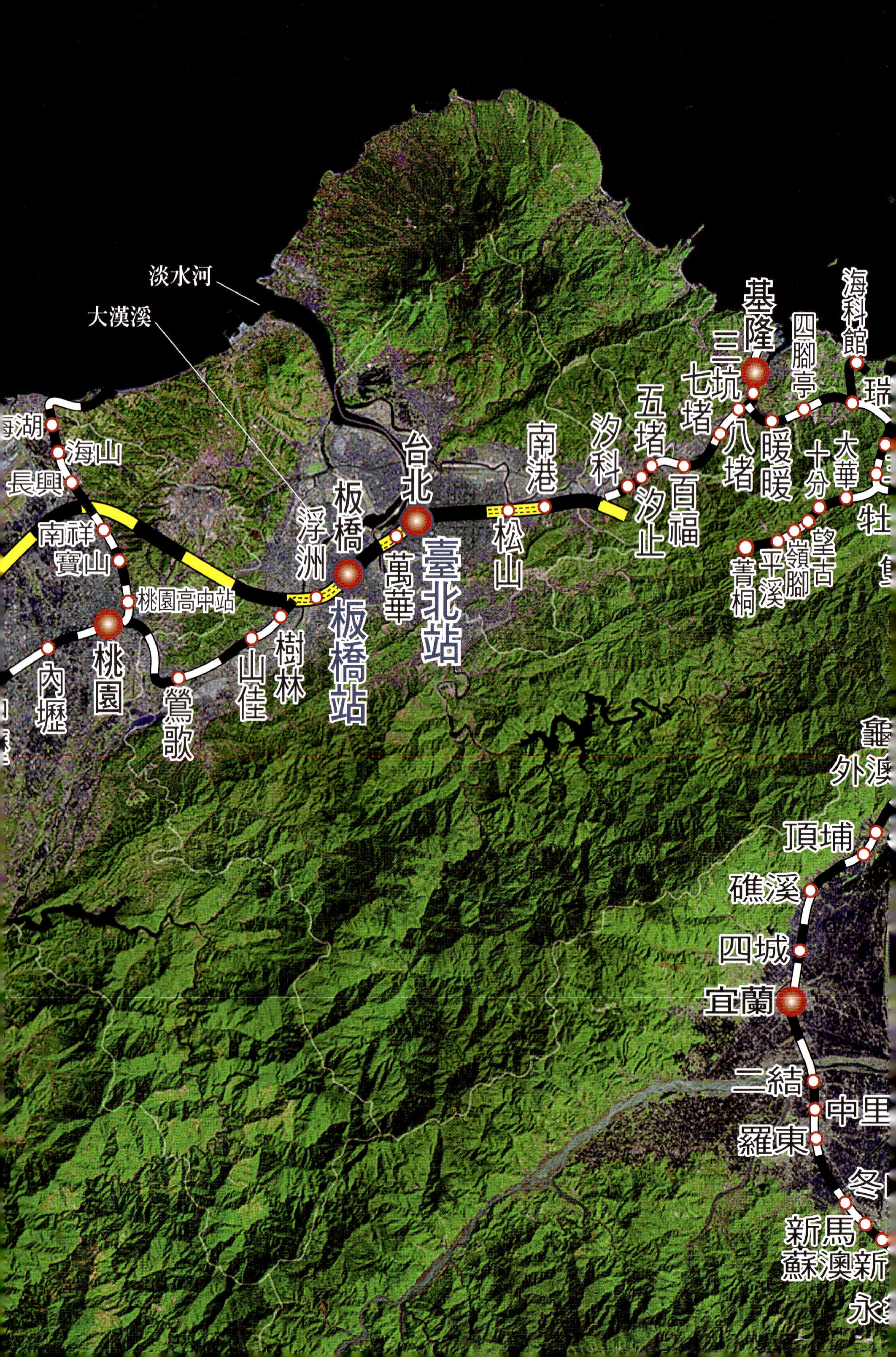
淡水河
大漢溪
海山
長興
南祥
寶山
桃園高中站
桃園
內壢
鶯歌
山佳
樹林
浮洲
板橋
板橋站
萬華
台北
臺北站
松山
南港
汐科
汐止
五堵
百福
七堵
三坑
八堵
基隆
暖暖
四腳亭
海科館
大華
十分
望古
嶺腳
平溪
菁桐
外澳
頂埔
礁溪
四城
宜蘭
二結
中里
羅東
新馬
蘇澳新

台灣鐵路
縱貫線北段路線圖
鐵路
高鐵
N
全島位置對照圖
縱貫線北段：基隆＝竹南
山線：竹南＝造橋＝彰化
海線：竹南＝談文＝彰化
宜蘭線：八堵＝蘇澳
內灣線：新竹＝內灣
六家線：竹中＝六家
林口線：桃園＝林口發電廠
（桃林鐵路：桃園＝海湖，已於2012年停駛）
富岡
楊梅
湖口
鳳山溪
新豐
竹北
竹科(新莊)
頭前溪
北新竹
新竹站
新竹
世博(千甲)
竹中
上員
榮華
竹東
橫山
九讚頭
合興
鹽港溪
香山
崎頂
竹南
中港溪
談文
大山
造橋
後龍溪
後龍
龍港
豐富
白沙屯
苗栗

鐵道新旅
Taiwan Railways

新豐與竹北間的鳳山溪橋，攝影／王晟懿

認識縱貫線基隆＝竹南現役車輛

縱貫線北段・現役車輛

文／圖　陳威勳

縱貫線北段（基隆＝竹南）是全台班次最密集、旅次最多和運行車種最多的一段鐵路，沿線貫穿整個大台北都會區和北部重要城市，每日都有不少旅客搭火車通勤；另外此段鐵路也位在東、西部幹線路線重疊的部分，讓台鐵現行車輛幾乎可以在此段鐵路上現蹤。

各式各樣的自強號列車

⬇ E1000「推拉式自強號」是縱貫線的主力車種。

來自米蘭的 EMU300 自強號電聯車桃園進站。

DR3100 柴聯自強號主要從樹林站發車開往東部幹線。

EMU1200「紅斑馬」在大雨中緩緩駛進新竹站。

莒光號列車

電頭集中動力所牽引的 E200 莒光號列車。

區間車(通勤電車)

⬆ 穿梭於幹線與支線的 DR1000 柴油區間車。

⬇ EMU700 是目前最新穎的區間車，曾作為區間快車。

⬆ EMU500 是目前區間車的主力車種。

北部少見的穀斗單元列車。

穿梭於都會中的神秘列車

縱貫線北段・特殊列車

圖／許洋豪　邱柏瑞　陳穩立　文／許洋豪　周昀徵

在這繁忙的年代，火車可能已成為你我每天必須的通勤工具，但有許多神秘的列車，每天默默的運行著，我們卻不曾留意。除了載客的火車之外，許多列車幫忙紓解擁塞的公路交通、減少了大卡車進入市區的頻率，這些神秘地的列車，究竟載著哪些寶貝呢？

EMU1200 迴送。

開往林口線的運煤列車（已停駛）。

運送行李與包裹的行包列車。

中興一號特種支線軍運列車。

七堵＝新竹試運轉。

柴油與電力，環保油電雙動力。

林口線運煤列車（已停駛）。

R130
R130

32站深度遊

縱貫線北段各站停車

文／陳穩立

縱貫線北段，是台鐵最具歷史深度的路線，北起於基隆，從都市到田野，從繁忙到恬適，跨過新店溪、大漢溪、鳳山溪和頭前溪，也克服了桃園台地的天然屏障，歷經三十個車站後於竹南劃下旅途的句點。這是台灣最早的客運鐵道，更孕育了北台灣數個重要的城市，也肩負通勤、通學的重責大任。目前，從基隆到竹南共有三十二站，其中有六站是進入二十一世紀後才設立。放慢腳步，足跡遍及這三十二站，我們會發現更多細膩的情感，就在我們習以為常的鐵道邊。

北部區間特有的「阿福號」EMU700 型電聯車行駛於鶯歌與山佳間。
攝影／古庭維

縱貫線 北段

縱貫線北段起源於一八九〇年代，古老的路廊最初於清末完成基隆至新竹，但品質過低，彎道過多，坡度太大，加上缺乏後勤補給，根本無法維持營運；日本統治後決定放棄而另築新線，因此今日搭乘的台鐵，實與劉銘傳的建設關係不大。當年的新線，至今也已有一百一十年的歷史，期間包括一九二〇年代的部份改線，但一九八〇年代開始的鐵路立體化，更是其風貌改變之關鍵。捷運化後，通勤旅客大幅增加，增添幾分都市鐵道的氣氛。

基隆站外觀海平台。

基隆車站現貌。車站旁的陽明海運及海港大樓是極具港埠風情的古蹟。

八堵站外的二二八事件紀念碑。
攝影／陳穩立

因應通勤而設立的三坑車站。

火車從腹地狹窄的基隆出發。

基隆‖八堵

廣大的站場說明了基隆站的過往風華，它不僅是縱貫線起點，更掌握臨港鐵道的進出；從古老的蒸汽火車到新穎的太魯閣號，都從這裡踏上台灣的土地。車站位於港邊，可以聞到鹹鹹海味，舊日本郵船和海港大樓兩座古蹟，給足了港都氣氛，觀海平台提供親近港口的機會，大型郵輪時常停靠一旁。距基隆車站不算太遠的基隆廟口，更是馳名全台，從下一站三坑也有人行步道連通。三坑站是北部第一個捷運化車站，藏身巷弄中，再往南走就來到竹子嶺隧道，右側是日本時代的老隧道，已經功成身退。出了這座隧道，跨過巨大的基隆河橋便來到八堵。三座月台排列並不整齊，因為這裡也是宜蘭線的起點，是往東部幹線的玄關。車站一旁立有二二八紀念碑，供人憑弔一九四七年三月在八堵站發生的慘案，也提醒著世人族群包容的重要。

最新第三代竹子嶺隧道，題字獅球新開。

行經百福的貨櫃列車。 攝影／陳俊霖

八堵＝汐止

離開八堵之後，鐵路以三線規模往七堵並進，有時還會出現左右兩邊都是火車的趣味景象。從八堵開始，鐵路大致沿著基隆河蜿蜒向前，直到松山站為止。七堵站原本擁有基隆到新竹間最後一座木造站房，這座大約建於一九二〇年代的車站，屋頂混合「切妻造」與「入母造」兩種日式風格。過去由於駝峰調車場的增建，七堵站被分為相隔超過半公里的前後站，近年南港專案完成後啟用新站，才終結了這個奇景，而老站房則被指定為基隆市歷史建築，因道路拓寬遷移保存。如今的七堵站搖身一變，成為縱貫線始發站，擁有廣大的車場、四個月台的配置，也與機務、檢車單位相連。

從七堵車站往南，通過七堵隧道後又見基隆河，這裡也是三軌並進，其中一股是通往五堵貨場。下一個車站是百福，位處基隆河畔狹窄的地形，車站前後看似無太多民宅，實際上，百福社區是在基隆河對岸，距離車站尚有一段距離。這個捷運化車

碑造舊五堵隧道是現役最古老隧道。 攝影／林韋帆

遷移保存的舊七堵前站。 攝影／陳穩立

站的設立，減少居民往返七堵或五堵搭車的距離。離開百福站，兩旁有幅員廣闊的貨櫃場，通過五堵隧道後即接近五堵站。列車右手邊有兩座磚造單線隧道，從一八九八年基隆台北間新線通車保存至今，其中一孔作為貨物線使用，路線通往五堵貨場。

五堵隧道過後，右邊有許多倉儲、拖板車、貨物火車的地方，就是五堵貨場，目前以水泥、砂石、貨櫃為主要業務。從這裡開始，可以明顯感受大樓林立，火車行駛在高架橋上，相當具有都會鐵道風味，這是台灣第一條為消除平交道而改建的高架鐵道。

⬇ 以水泥、砂石、貨櫃為主要業務的五堵貨場。 攝影／古庭維

⬆ 七堵機務段是西部幹線列車基地。 攝影／古庭維

汐止神社是全台灣離火車站最近的神社遺址。
攝影／陳穩立

汐科站啟用時曾因月台太遠而遭詬病。
攝影／古庭維

汐止‖松山

舊名「水返腳」的汐止最早於一八九一年設站，大正年間依相同意義改稱「汐止」。現在使用的高架車站，於二〇〇六年啟用，除了消弭平交道，更免除颱風豪雨時水淹車站之窘境。相較台北市驚人的房價，像汐止這樣相對平易近人的衛星城鎮，吸引了許多通勤客，造就了站外住宅大樓林立的典型風貌。從高架的月台上，南面見到的是大尖山，是汐止地區的著名的風景區；往北的群山則是大屯火山系，從汐止開始，鐵路即將進入台北盆地。車站外的汐止神社亦可由月台望見，這座神社在戰後改建為忠順廟，神苑改建為汐止公園。雖然現在已不見當年拜殿，但狛犬、鳥居、石燈籠猶存，依舊散發幾分日本風味。

穿梭在都市叢林中，火車很快地來到汐科站。這座二〇〇七年才設立的通勤站，位在路線由高架緩降至平面的斜坡，北端站房是在鐵路下方，南端站房則是在鐵路上方，饒富趣味。另一大特色是S型的月台，遮雨棚向中央

頗具現代氣息的高架汐止站。
攝影／林韋帆

⬆ 大尖山是汐止地標，從月台就能望見。 攝影／陳穩立

⬅ 氣派的南港站。 攝影／陳穩立

↙ 火車在汐科站西側鑽入地下。 攝影／陳穩立

延伸的鋼樑，是鐵道迷相當喜愛的景點。離開汐科站後，路線便開始潛入地下，不過第一段隧道是汐止山岳隧道，斷面為圓形，之後才進入方形斷面的地下段，搭車時不妨仔細觀察。

南港站是進入台北市的第一站，規模之大堪稱台灣之最。二〇〇八年完成地下化後，不但與高鐵、捷運共構，站內還設有糧倉月台，以及北宜直線鐵路起點月台。南港附近原為工業區，近年全面更新後已是嶄新風貌。

松山‖台北

火車行駛在隧道中，很快就來到第二個地下車站——松山。在木造站房的時代，車站位在鐵道北側，後來改建跨站式站房時，將前站改設在南側，地下化之後已無前後之分，而是以北出口、南出口標示。南出口外就是著名的「五分埔」成衣商圈，一七六九年由泉州移民沈姓、周姓、杜姓、何姓、李姓等五家，向平埔族人買下土地開墾，因而得名「五分埔」；一九六〇年代起，開始出現成衣加工與批發；一九八〇年代後工資高漲，成衣加工逐漸沒落，改以批發為主。直到今日，五分埔幾乎已經是台灣一個跨世代的成衣批發代名詞。北出口對面即是歷史悠久的慈祐宮，是松山地區香火鼎盛的媽祖廟。慈祐宮一旁則是聞名海外的饒河街夜市，後方則隱藏著基隆河成美左岸河濱公園。有商圈、夜市與公園在其左右，多了些輕鬆、悠閒的步調。

松山的下一站，就是全台灣最大的台北車站，過去鐵路貨運興盛的年代，這兩站之間尚屬工業

松山台北間供台鐵行駛的的北隧道。
攝影／古庭維

地帶，途中兩個最大的工廠，就是松山菸廠和台鐵台北機廠，在延吉街平交道旁還分歧出三張犁支線，通往四四兵工廠。此外，在新生北路和林森北路之間，亦有一九三七年啟用的華山車站，地下化後已經廢止，身為台北貨物站，腹地相當寬闊而成為都市更新目標；其混凝土站房倖存，是當今台北市最後一座日本時代站房建築，卻未能登錄歷史建築或古蹟，即將消失在台北市一貫「純破壞」的開發方式中。

雖然地下隧道景色單調，但如果仔細注意車窗外，可以發現松山與台北間，似乎有幽暗的月台存在，這就是鮮為人知的「光復緊急停靠站」與「復興緊急停靠站」。這兩個神祕月台供緊急時疏散，平時不開放、不開燈，一定要仔細看才會注意到。一樣的緊急停靠站，在西門圓環下方也有一處。

饒河街夜市。
攝影／陳俊霖

華山站是台北市最後一座日本時代老車站。 攝影／陳穩立

五分埔商圈。
攝影／陳穩立

松山車站地下月台。 攝影／張志文

搭車時不易注意到的復興緊急停靠站。
攝影／游富傑

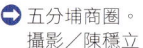

⬆ 台大醫院舊館。
攝影／陳穩立

⬅ 於 2011 年才改裝啟用的台北車站大廳。
攝影／陳穩立

台北＝板橋

最早的台北站位於今日的中興醫院，站區在一九〇一年遷至現址。當今的台北車站已經是第四代，於一九八九年隨鐵路地下化完工啟用，具有中國傳統建築元素，不過方正對稱格局也被戲稱為「披薩屋」。台北站的月台層都在地下，三鐵共構，除了台鐵與高鐵，亦是北捷板南線、淡水、新店線現階段的轉乘站，進出站旅客絡繹不絕。同時，台北車站大樓也是台鐵局中樞核心，其中央單位皆分布於四至六樓，包括掌握全台路線的行控中心。

作為一百多年來台灣的政經中心，台北車站周邊仍有許多日本時代甚至清代建築物，例如監察院、濟南教會、台大醫院舊院區、台北賓館、台灣博物館、台北郵局、北門、鐵道部舊廳舍、台北當代藝術館等，由台北車站出發，都是步行二十分鐘內可及，相當值得一遊。

台北站與下一站萬華間，也設有一處「西門緊急停靠站」，且與捷運西門站相通，過去曾有辦理客運計畫，但未實現。萬華站於一九〇一年設站，舊名「艋舺」，後來依其發音Manka寫作日文漢字「萬華」。而此地自古貿易熱絡、商旅頻繁，可謂為今日台北的發源地。距離萬華站四百公尺處，有著聞名全國的龍山寺，起源於一七三八年，由泉州移民所建；大殿曾於二次世界大戰時全毀，戰後修復，但仍不失國家二級古蹟的地位。一旁的艋舺地下街，則是號稱全國最大命理街，頗具人文特色。萬華與板橋間，路線穿過新店溪，鐵路地下化後，原本的混凝土大橋改建為華翠大橋。

交通部臺灣鐵路管理局
臺鐵心服務 取票最便利！
自12月22日起臺鐵對號列車乘車票
統一、全家、萊爾富、OK超商及郵局
全省營業據點，竭誠為您服務。
15:47
臺北車站

西門緊急停靠站。 攝影／游富傑

被稱作是「披薩屋」的第四代台北車站。
攝影／陳穩立

非常美麗的濟南教會。
攝影／陳穩立

國家二級古蹟龍山寺。
影／陳穩立

月台非常狹窄的浮洲站。 攝影／陳穩立

板橋＝樹林

與萬華站同時設立的板橋站，舊名為「枋橋」。一九九九年地下化車站完工，地上為二十五層高樓，為台灣最高的車站建築。板橋站與站前空間，過去為板橋客車場，為東部幹線的車輛基地，因應地下化而搬遷至樹林。近年來，板橋車站周邊大樓、百貨林立，新北市政府亦搬遷來此，更可以深刻看出都市發展的脈絡。與台北市鐵路地下化後，平面改為市民大道相仿，板橋鐵路地下化後，平面改為縣民大道，紓解擁擠的車流。

板橋的邊陲地區浮洲，是大漢溪河床中的一個大沙洲，水道在此分為兩條，較東邊的鐵路橋稱為第一大嵙崁溪橋，大嵙崁溪是大漢溪舊名，不過這個名稱並未在沿線居民的語言中消失。地下化的鐵路，就在早年第一大嵙崁溪橋的位置冒出地面，引道的盡頭是二〇一一年啟用的浮洲站。車站的位置相當有趣，位在第二大嵙崁溪的東端，月台空間極為侷促。由於高鐵路線也在浮洲出土，許多鐵道迷喜歡在此觀賞高

全台灣「最高」的板橋車站。　攝影／陳穩立

鐵通過；而另一側則可以眺望淡水河、觀音山與陽明山。

跨過大漢溪之後，台鐵與高鐵分道揚鑣，從這裡縱貫線開始沿著大漢溪南下直到鶯歌。鐵路北方山坡上有幾間廟宇，是為青龍嶺，白天視野遼闊，晚上則有精采夜景。樹林站目前是東部幹線列車的始發站，調車場的運轉線由南下方向分歧出去，使得路線再度出現三線規模配置。經過樹林調車場時，可見看到各式柴聯自強號、柴電機車、莒光號車廂，同時也是太魯閣與普悠瑪號的家，不久的將來，此處將會增設一座「樹調」車站，方便民眾利用火車通勤。

列車行經第二大嵙崁溪橋可以欣賞台北盆地景觀。
攝影／陳穩立

青龍嶺是樹林地區相當有人氣的景點。
攝影／古庭維

⬆ 樹林調車場是東部幹線列車始發基地。 攝影／鄭光浩

⬇ 樹林車站待發的太魯閣號。 攝影／陳穩立

有極高知名度的鳶山夜景。　攝影／陳俊霖

樹林—桃園

經過樹林調車場後，很快就來到山佳站。此站於一九〇三年設立，舊名「山仔腳」。嶄新跨站式站房的旁邊，低矮的磚造瓦頂老站房建於一九三一年，已列為新北市市定古蹟，是北部區間少有的古蹟車站。彎彎的月台原本是山佳站的正字標記，也是許多鐵道迷喜歡取景的地方，不過在車站北端的新隧道打通後，已經將路線拉直許多，但舊弧形月台部份拆除的作法曾引起不小的爭議。山佳站附近有許多登山步道，亦能前往河濱公園，是小旅行的絕佳去處。離開山佳站之後，列車循大漢溪畔前進，景觀開闊，對岸的城鎮是三峽市區與台北大學。

鶯歌以陶瓷聞名全台，更有台灣景德鎮之稱，全國第一座陶瓷專業博物館，自車站步行約十五分鐘可達。當火車進入鶯歌站時，往東北向的山上看，有一尊貌似鶯歌鳥的巨石，這就是鶯歌地名的由來。相傳鄭成功軍隊曾駐紮於此，但遭遇兩隻怪鳥製造煙霧，大隊人馬迷失其中，炮擊

鶯歌陶瓷博物館。　攝影／陳穩立

兩隻怪鳥，一隻被擊落後化身為「鶯歌石」，另一隻則被擊落於現今三峽化身為「鳶山」。

鐵路由鶯歌離開後就開始爬坡，最靠南側的第三條路線，是通往國軍汽機廠的中興一號特種支線。三線並進的路線過了尖山下之後，縱貫線以一個迂迴的大S彎，慢慢地爬上桃園台地，而支線則是直行分離。火車在這一段爬山路線中，南下列車實際上是朝北方前進，也因此太陽的位置與先前有所不同，容易讓人產生方向錯覺。

南下列車徑一個超大型的大Ｓ轉彎後開始爬山。　攝影／許洋豪

車通往國軍汽機廠的中興一號特種支線。　攝影／古庭維

⬆ 接近桃園的爬坡段為路塹形式。
攝影／古庭維

⬅ 樹林調車場為東部幹線的始發基地，機務及檢車段合而為一。
攝影／陳穩立

桃園站內即將開往林口的運煤列車。　攝影／鄭哲安

桃園＝中壢

火車辛苦地爬上桃園台地，窗外景色逐漸脫離地塹的單調，逐漸出現工廠與民宅，就代表桃園站要到了。在全線車站進出口人次的排行中，桃園站名列全國第二，僅次於台北站，車站繁忙程度可見一斑。由於人潮眾多使得車站略嫌擁擠，高架化及新車站工程已經展開，未來將以嶄新的風貌服務旅客。

桃園站也是林口支線的起點，該路線由車站北上方向分歧。這條在一九六八年通車的路線，以運輸林口發電廠的煤炭為主要任務，是一條貨運用鐵道。二〇〇五年桃園縣政府出資，增設數個簡易月台，並包租客運列車於平日通勤時段行駛，供沿線居民通勤通學免費搭乘，命名為桃林鐵路。其乘車的月台設置於桃園站外的停車場裡，猶如日本時代私設營業鐵道，與官線車站相鄰卻不連通的配置，相當饒富趣味。遺憾的是，由於桃園車站即將進行高架化工程，影響支線分歧點，加上地方政府政策不支持，林口線已在二〇一二年十二

桃林鐵路的乘車月台在桃園車站停車場內。　攝影／陳穩立

月三十一日走入歷史。

桃園素有千湖之縣的稱號，埤塘處處，是桃園台地的代表風景，但都市化之後許多水池已經消失。火車離開桃園市區，映入眼簾的不再只有都市的水泥叢林，也開始出現稻田與埤塘，但過去典型的田野風光已相當式微。穿過了國道二號之後，便來到舊名崁仔腳的內壢站。近年來，內壢地區快速發展，人口大增，幾乎與中壢連接成一都會帶，通勤旅客人數有相當成長，並開始增停部分莒光號。

即將抵達中壢車站的南下貨物列車。 攝影／翁林玄能

桃園與中壢鐵道邊最後的稻田。 攝影／古庭維

國道 2 號附近都會與田園風光交會的景象。
攝影／古庭維

有千湖之縣稱號的桃園，像這樣的大埤塘已經愈來愈稀有。 攝影／古庭維

中壢＝富岡

位處桃園都會帶南方的中壢站，除了是中壢、平鎮地區出入口，同時也是前往新屋、龍潭等地的轉運中心。拜附近工業區所賜，交通便利的車站自然成為許多外籍勞工的聚會地點，異國商店也應運而生，網路鄉民甚至將中壢站喻為「租借地」。距離前站不遠處，古色古香的吳志揚縣長服務處，原為日本時代的中壢醫院，已有八十餘年歷史，是中壢地區稀有的日本時代建築。未來桃園到中壢的鐵路將會高架化，並同時增設數個通勤車站。

往南逐漸遠離緊張、繁忙的桃園都會帶，取而代之的是步調悠緩的住宅區，不久便來到埔心。此地舊稱安平鎮，車站一度改名為平鎮，但與現今的平鎮相距甚遠，最後定名埔心。自車站月台往北方遠望，所見的丘陵地是著名的埔心農場所在地，占地甚廣，風光明媚，是北部人氣指數甚高的農場。離開埔心後，北邊的丘陵與鐵路並肩前進，不久後縱貫鐵路與氣勢磅礴的國道一號交錯而過，這也是抵達楊梅前

富岡站外的聯華實業麵粉廠堪稱一大地標。　攝影／古庭維

自強號行經水尾白鷺林。
攝影／陳穩立

中壢站是中壢、平鎮地區的出口門戶。　攝影／翁林玄能

中壢與埔心間鐵路穿過零星的丘陵與聚落。
攝影／古庭維

的預告。高速公路剛通車時，過了中壢僅有雙向四車道，如今楊梅段是六車道加上五楊高架的規格，鐵公路發展受政府重視之程度高下立判。

楊梅原稱為楊梅壢，最初設站於現在車站的南側一百五十公尺，但由於往舊湖口的路線相當曲折，因而在一九二九年改線，楊梅站也因此遷移至現址。火車由楊梅出發後，就開始輕輕地向右轉，繞過前方丘陵，右側車窗外可見台地緩坡，左側則是別緻的稻田，伴隨著偶爾出現的古厝，這一帶被稱為水尾白鷺林，有著十足的田野氣息。

富岡＝新豐

經過一小段恬適的田園風光，當車窗外出現巨大的麵粉廠時，火車來到了富岡站。富岡舊名為伯公岡，「伯公」在客語中就是「土地公」之意，而伯公岡自然就是「有土地公的台地」；從鐵路往南看，便可看出台地的輪廓。站前的富岡老街，還保留了數十年前的市街風貌，紅磚拱廊式建築見證過去的繁榮。其中以呂家聲洋樓最為搶眼，建於昭和初年，融合拜占庭式半圓屋頂、希臘式山牆、巴洛克式飾紋、羅馬式柱列，外表極為華麗別緻，是富岡最具代表的古蹟。隨鐵路下行，右側一大片的鐵道工廠，是台鐵新成立的「富岡基地」，遷移而來的新竹機務段及台北機廠均在此廠區內。為了基地的設立，台鐵也在此興建北湖站作為通勤用。

湖口站鄰近許多營區，阿兵哥是主要客源之一。在一九二九年的改線時，舊名大湖口的湖口站，遷移的距離有數公里之遙，使得城鎮重心也因此轉移，造成了新湖口與老湖口的分別。大正年間興建的湖口老街，東端有歷史悠久的三元宮，中間是整齊的老洋房，連續的磚拱非常典雅。西端的天主堂，正是當年改線前火車站的位置，在公園中還能找到古老的月台遺跡。不似許多過度觀光化、商業化而失去原味的老街，老湖口樸實而寧靜，值得來一趟深度旅遊。

↑ 位在湖口天主堂後方的舊湖口車站遺跡。 攝影／古庭維

⬆ 樸實而寧靜的湖口老街。 攝影／古庭維

⬇ 與富岡基地同時啟用的北湖站。 攝影／古庭維

⬇ 大興土木中的富岡基地。 攝影／邱柏瑞

新豐站內將要進入台灣車輛工廠的火車。 攝影／林韋帆

新豐‖新竹

繼續繞著山坡前進，穿過台一線的山崎陸橋後，新豐站就快到了。新豐一帶古稱「鳳山崎」，日本時代改為極具日本風味「山崎」，一九二九年鐵路改線時在此設立號誌站，後來才改為車站。現在的新豐站，正在進行跨線式站房施工，後站側則有一條支線往北上方向延伸而出，這是台灣車輛專用線，通往舊名唐榮鐵工廠的台灣車輛公司。許多台鐵、林鐵甚至捷運車廂都是在此組裝，因此這條專用鐵道為三軌併用，也能行駛標準軌的車輛。

火車從新豐出發後，來到湖口台地崖邊緣，右邊車窗視野遼闊，竹北、新竹、甚至南寮的風光盡收眼底，前方還可能見到雪山山脈的聖稜線。若適逢日落時分，更是美不勝收，「鳳崎晚霞」是雍正年間淡水廳誌的「全淡八景」之一。鳳山溪就由台地邊緣流過，潺潺溪流、彎彎大橋，在鐵道迷間擁有超高人氣。

過了鳳山溪橋，就來到有許多嶄新高樓的竹北。這個近年來發展快速的衛星城市，通勤旅客

⬆ 進入台灣車輛公司專用線的火車。　攝影／林韋帆

增加，也增停了部份的莒光號。

往南走，頭前溪橋的展望再度讓人驚豔，也是觀看大霸尖山與聖稜線的好時機。過橋不久後，內灣／六家線由東側匯入，鐵路以四線規模前進新竹站。在抵達新竹的月台之前，站場已然寬闊，但這一段是新竹貨站，是貨物列車編組、接運的地方，不過在二〇一一年，與六家線一同啟用的北新竹站在此設立，因此被戲稱為「車站中的車站」。

⬆ 竹北到新豐間是著名的爬山路段。　攝影／古庭維

➡ 過了頭前溪新竹市就到了。
攝影／張志文

⬇ 車窗展望聖稜線。　攝影／許洋豪

原已廢棄的崎頂隧道已整建為公園。 攝影／古庭維

新竹＝竹南

經過考據，清國時代的新竹站位於十八尖山山腳下，與現今的位置大相逕庭。現在的新竹站建築建於一九一四年，有牛眼窗與盔甲式鐘塔，已列為國定古蹟。附近的迎曦門、舊新竹州廳、城隍廟、影像博物館，都是適合慢慢品味的古蹟景點。火車開出新竹站後，繞過一些小丘陵便來到香山。古老的站房建於一九二七年，這是縱貫線北段唯一現役的木造站房，為新竹市市定古蹟。早年的香山因為連結海港與入山通道而繁華，在海岸淤積及公路便利後，早已成為業務清淡的小站。鐵路在過了內湖聚落後，繼續沿著海岸前進，而與公路分道揚鑣。事實上，初代縱貫線也在此轉入山區，但因坡度因素而改線。在這段海岸風光裡，風力發電機、防風林與台灣海峽是標準景觀。崎頂站為無人招呼站，站房已拆除，北側的崎頂隧道建於一九二八年，因改線而廢棄，目前為縣定古蹟並整理成公園。

崎頂過後，鐵路終於要沿著下坡來到古稱「中港」的竹南。

崎頂海岸離車站約有 10 分鐘步程。 攝影／古庭維

抵達車站前，竹南、頭份的城鎮風貌映入眼簾，左側車窗出現的是竹南啤酒廠，遠方層層山巒，景色極佳。在竹南車站的東側，巨大的神農像是起始於一七三九年的五穀宮，不只是當地信仰中心，也是竹南的地標之一。車站西側的龍鳳宮，也有二百年的歷史，高四十五公尺的媽祖神像，號稱世界最高最大。搭火車進入竹南前，別忘了看看這兩尊大神明，保佑旅行平安。

崎頂附近狹窄的涵洞隧道。 攝影／古庭維

竹南龍鳳宮高 45 公尺的媽祖像號稱世界最高。 攝影／古庭維

五穀宮的神農像是竹南地標之一。 攝影／古庭維

搭火車可以看到的竹南啤酒廠。 攝影／古庭維

縱貫線北段嚴選必遊車站①
繁忙通勤線的溫馨老站房

山腳下的小站─山佳站

文／攝影 古庭維

山佳一名來自「山腳」，縱貫線在山邊尋覓路徑，雙線鐵道穿過，空間更顯侷促。十多年前車站隱身巷道，後來站前的房舍拆除才有了廣場。基隆到中壢之間，是全台灣最繁忙的通勤線，城鎮快速變遷，幾乎已看不到日本時代的老車站。七堵和山佳是最後兩座老站房，但前者已搬遷，只有山佳站還在原址。老山佳站已在二〇一一年功臣身退，因為修改路線，美麗的弧形月台也消失，但依然保有喧囂中難得一見的小站氣氛。

⬆ 山佳車站周邊曾是煤礦聚落。

⬇ 以前的第一月台已經停用。

⬆ 新舊車站並列。

⬅ 老山佳站內的空襲避難圖。

⬆ 已於 2011 年功成身退的老山佳站。

藍天、大海、綠樹。

縱貫線北段海線嚴選必遊車站②

靜謐聚落的祕境車站

海岸風情—崎頂站

文／攝影 古庭維

如果略知台灣地名常用字彙，光是從「崎頂」這個稱呼，或許就能想像和猜測，這是個風景很好的地方。縱貫線在新竹和竹南之間，由海岸丘陵地邊緣穿過，行經崎頂時從高處展望，連海線的海景都相形失色。此地距離公路相當遙遠，寧靜的聚落還保有許多三合院古厝，車站旁的「老衢觀海」景觀台，常讓人看海、看火車到忘記時間。歷史建築崎頂隧道和不遠處的海灘，也是崎頂站周邊值得一遊的人文與自然風景。

台階下的空地本來是一幢木造車站。

崎頂站擁有令人難忘的小站風情。

樹影曳曳的斜坡通往海岸。

輝煌一時的煤炭轉運中心——鶯歌站

環島鐵路 入山玄關車站

文／攝影 古庭維

搭火車去三峽，對現代人來說或許匪夷所思，但是在鐵道獨尊的年代，三峽和鶯歌可是形影不離的好搭檔。大豹溪一帶的煤礦、木材，都利用台車軌道，經由三峽運到鶯歌，搭上了縱貫線。

鶯歌車站已完全看不出與煤炭運輸的關連。

三峽民權老街。

因為公路與捷運發達而改變的交通動線

年齡大約三十歲以上，常在北部搭火車的民眾，或許還會有印象，鶯歌站北側總有一堆堆黑色的煤炭；打開鶯歌的地圖，我們依然可以注意到，車站附近還有戶益一坑、二坑之類的地名。只是過去黑鴉鴉的後站，如今除了有水泥和砂石的裝卸場，新穎的站房和住宅區，已和過去截然不同。

鶯歌以陶瓷藝品聞名，民眾也逐漸遺忘這裡曾是個煤炭轉運中心。除了車站附近的礦坑，大漢溪右岸成福、白雞、湊合、插角等地的煤炭，台車軌道先在三峽匯集，之後繼續運到對岸的鶯歌便能轉運出去。今日的省道台七乙線，前身即是運輸煤炭與木材的軌道，遠從大溪與復興交界的三民出發，經過湊合、三峽來到鶯歌。公路不發達之前，三峽的地位比鶯歌低了一階；但是風水輪流轉，二十一世紀的今天，有了高速公路和捷運土城線，即使縱貫線鐵路沒有經過，三峽的房價又比鶯歌高了一截。

湊合橋曾是台車軌道。

大豹溪上游的滿月圓。

古時候的台車，已被巴士客運取代。

三峽溪支流橫溪中途的成福。

大豹溪附近的煤炭，都經由台車軌道運往鶯歌。

鐵道絕景之旅

從基隆河到桃園台地
連繫鄉村與都會的縱貫線北段

文／攝影　古庭維

歷史悠久的縱貫線北段，最早發軔於清朝時代，當時由劉銘傳與岑毓英二位台灣巡撫，分別完成台北到基隆，以及台北到新竹的鐵道。然而由於路線設計不良，橋梁無法抵擋洪水，並且缺乏後勤保養等因素，日本領台後隨即發現難以繼續使用，於是著手重建。一八九八年基隆到台北新線通車，一九〇一年再延伸至新竹，翌年通車至當時稱中港的竹南。經過一百多年的發展，許多路段已是大樓林立，列車穿過水泥叢林，停靠一座座新穎的車站，都會鐵道風情儼然已成為代表特色。北台灣的地形雖然稱不上崎嶇，然而基隆河谷和桃園台地卻已足夠帶來景觀的變化，也創造了這段通勤熱線中，許多讓人暫時忘卻緊張、忙碌與煩惱的偷閒時刻。

⬆ 夕日時分，有許多通勤客在汐科站上下車。

晨昏時段的汐科站常有迷人的光影。

水泥叢林數大便是美

台北到基隆的路線，是台灣歷史最悠久的幹線鐵道，也是改建、更新最頻繁的區間。二〇〇六年，南港專案中的汐止高架段完成，這段改建起自新五堵隧道，經過五堵、汐止、汐科站之後回到平面。當時台鐵已有其他高架路段，但都是因應橋樑增高，才順勢將高架橋延伸，而汐止高架段則是史上第一次因應鐵路立體化而改建，通車後消除多處平交道，大幅改善了汐止市區的交通。

高架段通車時，汐科站尚未設立，松山、南港也未地下化。如今從五堵到浮洲站之間，已經全部立體化，高架橋和地下道賦予這段路線獨特的都會氣質。地下段無法進行攝影，而高架段則是相當不錯的題材，除了把握列車在巷弄間穿梭的短暫身影，汐科站S形的彎道與月台造型設計，各種曲線構成了和諧的景象，更是讓人流連的場景。爬上汐止有名的大尖山，可以欣賞長長的列車，從五堵站開始，在一大片水泥叢林間彎曲潛行，經過汐止站

高架鐵道穿梭在都市叢林間。

汐止大尖山是當地居民踏青的熱門去處。

都市叢林間的太魯閣號。

光影交錯的汐科站月台。

列車在夜間快速通過高架段。

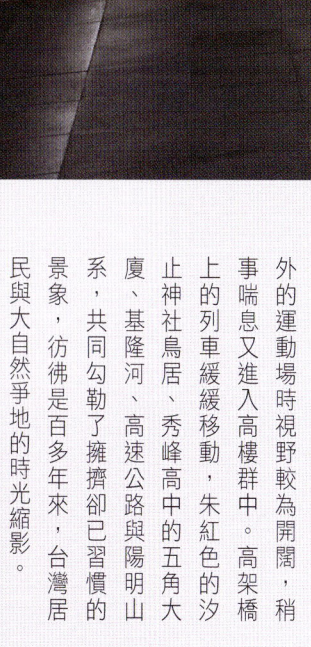

外的運動場時視野較為開闊，稍事喘息又進入高樓群中。高架橋上的列車緩緩移動，朱紅色的汐止神社鳥居、秀峰高中的五角大廈、基隆河、高速公路與陽明山系，共同勾勒了擁擠卻已習慣的景象，彷彿是百多年來，台灣居民與大自然爭地的時光縮影。

幾乎是台灣唯一的河畔鐵道景觀。

少見的河畔鐵道風情

台灣的河川大多為東西走向，而鐵路則多為南北走向，因此很少有沿著河床興建的鐵道。在山佳與鶯歌間，車窗外出現了北部路段少有的開闊視野，大漢溪河床的對岸是三峽市區與層層山巒，這是台灣少見的河畔鐵道。鐵道沿著大漢溪左岸前進，準備從鶯歌爬上桃園台地，看似寬廣的河床邊其實並不平坦；一九〇一年通車之時，此處曾有單線的茶山隧道，但在後來一九二〇年代雙軌化時，就因路線微幅修改而廢棄，現在的路線已不再過山洞。

在這段風景中，可以見到一座廢棄的堤壩，這座「後村堰」還在使用時，蓄滿水的大漢溪波光粼粼，火車從岸邊輕快通過而別有一番風情，是環島路線上僅見的獨特風景。如今水壩停用，並且已部分拆除，從列車上已很難看到溪水，因為水流從河床中央的深谷通過，兩旁有許多巨大的岩石。從三峽的柑園可抵後村堰的南端，許多居民在此釣魚，火

搭火車無法想像的大漢溪河道真面目。

河邊的花海。

鐵道旁已新建道路。 攝影／蕭信同

河畔鐵道，焚化爐是一大地標。

車就從遙遠的對岸通過，堪稱是台北到桃園間最自然、純樸的鐵道風景。

鳳山溪橋是縱貫線北段公認最知名的鐵道景點。

登山鐵道造就的美麗弧線

在北部路段中的大橋樑並不多，在鐵路地下化完成後，只剩下第二大嵙崁溪橋和鳳山溪橋兩座，前者因為是下承式鋼筋混凝土結構，火車通過時視線被橋樑遮去大半，因而鳳山溪橋成為唯一受歡迎的取景點。鳳山是台灣常見的地名，不只在高雄才有，只要地形山勢如鳳凰展翅，就很有可能被冠上這個菜市場名。

新豐與竹北兩站之間，鐵路由桃園台地的南側緩緩下降，路線畫出一個大大的S型，鳳山溪橋就在南端的大轉彎上。這裡自古以來就是路線瓶頸點，不只因為地形落差，清朝時代興建的橋樑還曾因洪水而全毀。目前所見的水泥大橋是一九八〇年代「二十四座老舊橋樑重建工程」中興建，舊橋的磚拱則被保存下來；雖然坡度縮減為約千分之十，曲率約為八百五十公尺，已較過去改善許多，但北上的運煤列車通過時依然相當吃力。

鳳山溪橋長 738.3 公尺。

在台地邊緣的河床上，橫跨著彎曲的大橋，鳳山溪橋是北部公認最知名的鐵道風景。由於西北到東南的走向，以及路線彎曲的緣故，隨著季節不同，日出日沒不同的方位造就了多變的光線角度。黃昏時分，溫暖的光采照耀列車側面，而此景也正是「淡水八景」之一的鳳崎晚霞，令人永難忘懷。

鳳山溪橋。

漂亮的曲線是鳳山溪橋的特徵。

鳳山溪橋側面。

東側即為高速公路。

1910 年舊鳳山溪橋磚拱。

古今車窗風景

文／翻譯 黃偉嘉

昭和十三年《汽車の窓から》精選

縱貫線北段古今車窗風景旅行

《汽車の窓から》於昭和十三年（一九三八）由鐵道部出版，細膩描繪當時台鐵沿途風光、物產、河山景致。此專欄精選數段內容，供讀者比較七十餘年前的車窗風景，增添鐵道旅行的懷舊趣味。

導讀

根據日本時代文獻的記載，當時的平鎮驛（今埔心車站）一帶，由於座落在地勢較高的丘陵地，因此附近幾乎都開墾成為茶園，再出口外銷賺取利潤。而除了景色的描寫外，文中也提到了有趣的一點：原來早在日治中期，當時的小學就有時髦的遠足行程！

平鎮（へいちん）—楊梅（やうばい）（四粁〇）

平鎮驛自古以茶產地聞名。請看左右的茶田。附近一帶的平原丘陵盡為茶園。此處海拔二〇八米餘，若不計台中線，則是縱貫線最高點。左方可見的矮丘稱為虎頭山，不但桃園、大溪兩郡的平原景色可盡收眼底，連台北的大屯、觀音等山亦可眺望。每年台北市內各小學校、公學校春季遠足之所以前來，也是因為這個緣故。這附近設有中央研究所平鎮茶業試驗支所。主要進行關於台灣各種茶樹的製茶實驗。距車站一公里餘，步行約十五分鐘。

左方則有東行往龍潭、關西、大溪街等地的公共汽車。其中龍潭庄銅鑼圈設有台灣拓殖製茶工場及富士製茶工場等，近年茶業的中心有漸遷至該處的趨勢。

目前通過的是設於豁然開朗之地，而且新設不久的三湖停車站，專停汽油車。

右方可見一低矮長丘，其稜線一帶的甘蔗田、以及左方起伏的丘陵，有野雞出沒。附近村落則因為白頭鳥、鴿子等優良獵場而聞名。

左邊遠處可見的小高丘稱為龜山，為本庄的休憩去處。山上設有行啟記念碑註，在海拔三〇〇米的台地上，可擁有極佳的眺望視野。

註 係紀念後來即位為昭和天皇的裕仁皇太子曾經到訪

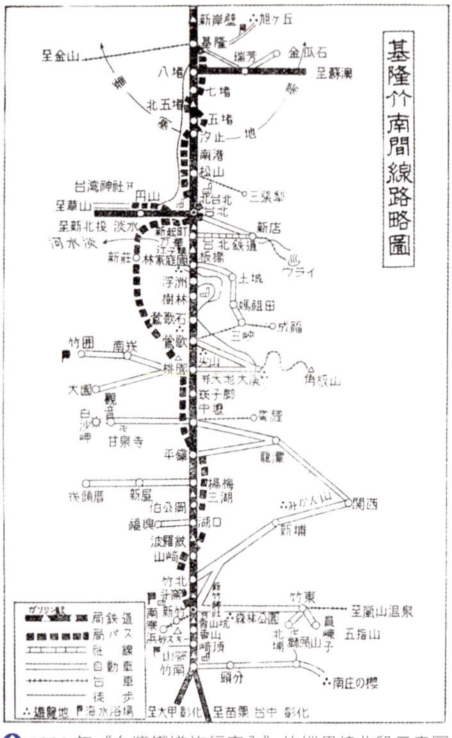

1938 年《台灣鐵道旅行案內》的縱貫線北段示意圖

埔心楊梅間列車通過壯觀的高速公路。 攝影／古庭維

楊梅庄附近鐵道。

平鎮採茶景觀，現在當地早已不復見茶鄉美景。

楊梅站現貌。 攝影／陳穩立

崎頂（きちやう）—竹南（ちくなん）（四粁五）

崎頂驛座落於防風林之中，有名的崎頂海水浴場從右方月台出發，經過涼爽的防砂林下坡三百米即至（徒步五分）。海水浴場位於木麻黃林之中，除了可試著牽罟捕魚外，還備有滑砂、馬橇等設備。六月至八月還流行摘初茸的活動。

（發車後）越過木麻黃的防砂林，前方出現的是竹南平原。請看左邊。可見的白色建物為新竹州立農業傳習所及崎頂牧場。前者培養農村的中堅人物。後方有一神社，是為崎頂神社，奉祀天照皇大神、豐受大神、北白川宮殿下等。牧場則有緊臨鐵道的放牧場。車窗外可望見一同散步的親子馬，也是相當罕見的風景。

目前通過汽油車停車站—山寮驛。

所見的綠色屋頂建築物是帝國製糖株式會社竹南工場，年約製糖九萬三千擔。不久，列車抵達竹南驛。

導讀

崎頂一帶，是縱貫線北段唯一可以飽賞濱海風光的路段。日治時期的人們就流行到這裏進行「海水浴」活動，人們相信這與溫泉浴有相同的養生效果。值得一提的是，現在台灣還在使用的「海水浴場」一詞，其實就是從當時流用至今，不折不扣的日語詞！

日本時代崎頂站旁的防風林。

火車順著下坡即將抵達竹南。 攝影／古庭維

火車通過崎頂附近，背後是海邊的風車。 攝影／邱柏瑞

⬇ 崎頂站後方山坡下就是海水浴場。
攝影／古庭維

鐵道寫真家

繁忙中的浪漫，水泥叢林下的縱貫線北段

超完美取景角度

文／攝影　王晟懿

復興號由高架的汐止站開出。　攝影／林韋帆

身處在縱貫線北段，繁忙是這裡的代名詞，冰冷的都會、灰色的水泥，好像讓人感覺不出一絲熱情，似乎就淹沒在人潮與車流中。不過在這段軌道裡，還是能找出不同於我們所認定的風情，它依舊可以展現出屬於自己的絕佳魅力。

都會區路段，依然有隧道風貌存在（基隆）。

鳳山溪橋是縱貫線北段攝影名景之一。

身為終端站的基隆，調車的畫面曾經是這裡的特色。

鐵道寫真家

開始，找尋都會圈的景緻

車窗外，繁忙的首都圈，旅客如急流般匆匆而行，高密度的行車，載送一批又一批的過客，川流不息的運作似乎不曾停過。這是北部縱貫線給我們的印象，也使得想找尋美景的人，紛紛往外地移動，而這裡好像失了寵愛似的，越來越少人願意找出它的特色、它的美麗，而漸漸的只剩機械式運作。不過，即使它看似毫無特色，依然有它自己的魅力所在，忙碌的穿梭，人群與車輛的交織就是它最大的趣味。我們逐步探訪這條被遊客、旅人所冷落的軌道。翻開它的面紗，我們才知道原來它也有讓人驚艷的一面，也有屬於它自己的交響樂章。

這次我們介紹縱貫線北段，將以代表性的地點，逐一介紹這些攝影名點，也許往後你也能在旅行的過程中，停下來，看看美景，聽聽它們的聲音。

高架與地下，是都會區鐵道的印象（松山）。

貫穿北台灣都心的縱貫線北段，好的風景相對少了許多（鳳山溪）。

上午東側拍攝下行列車，拍攝條件非常簡單。

都市外的美麗曲線—鳳山溪橋

座落在新豐竹北之間的鳳山溪橋，是少見的曲線大橋，為了克服翻越湖口台地，鐵路自竹北出發北上後，即開始以彎道克服爬坡。而彎道處正巧就在鳳山溪上，非常適合拍攝列車的曲線，而地景更有河流及綠林的搭配，是都會區中少見的美景，傍晚亦可嘗試拍攝色溫搭配列車的流光。自竹北站步行至此僅需十五分鐘，從台一線來到此地也相當方便。

鐵道寫真家

鳳山溪橋攝影Tips

鳳山溪是全天適合拍攝的地點，上午於東側時，可利用中長焦段鏡頭約（85-200mm），於堤防上捕捉下行列車。而下午時分可於西側利用廣角或標準鏡頭（約20-50mm），拍攝上行列車的全側面。夏秋兩季，更可以待到日落後，利用慢速快門拍攝色溫與通過列車的流光，色溫調整一樣可以嘗試調整K數設定。入秋後河道還有芒草可搭配，算是景色非常豐富的地點。

⬆ 橋身不短，可以任意的在各種角度取景。

⬇ 午後光線極佳，運煤列車黑得發亮。　攝影／古庭維

下午適合於西側拍攝。

⬆ 交會的列車、新式的車站，是都會鐵道的迷人之處。

都會鐵道的繁忙風貌——汐科站

近年才落成的汐科站，座落在汐止科學園區旁，早晨與傍晚的通勤人潮，讓小小的車站總是人潮洶湧。這座車站正好是汐止高架段的起點，也造就車站有著蜿蜒的S曲線。無論是拍攝列車，還是繁忙的人潮與火車，或是現代化的車站景觀，這裡都是絕佳的攝影地點。

以列車攝影來說，彎道、S曲線都是適合表現列車攝影的位置，汐科站正好擁有這些絕佳的條件。當我們在日本見到坐落於大樓群間的高架通勤車站時，位在台北都會區也正有這樣的元素存在，若你對日本鐵道有些嚮往，這裡可以找到你所喜愛的味道。

⬅ 南下月台也可利用望遠鏡頭拍攝南下列車。

旅客與火車的頻繁互動，也是人文攝影的練功好地方。

靜下心觀察這裡的一舉一動，可以發現許多不易察覺的構圖。

鐵道寫真家

汐科站攝影Tips

若以拍攝列車來說，南下月台的8車位置，利用望遠鏡頭200mm以上拍攝較佳，正好可以將北上與南下列車一網打盡。北上適合早晨光線，南下則比較適合下午。而北上月台的北端，也是拍攝南下列車行駛高架路段的好地點。而這座車站由於人潮流動大，通過列車也多，月台面較小，需注意自身安全。如需使用腳架，切勿妨礙旅客動線。

E224
E224
BCEG ACT MR
MR ACT BCEG
U V W

南下月台中間處，適合拍攝北上列車。

鐵道寫真家

迫力列車・縱貫北部都會

文／攝影 陳映彤

透各種鏡頭，看著觀景窗內去蕪存菁後的構圖，等待列車通過的一瞬。畫面中巨大的列車身影，搭配著在地的獨特背景，以及左搖右擺、高低起伏的鐵路線形，也能成為獨樹一格的鐵道趣味。

⬆ 數年前八堵鐵橋曾為漂亮的花樑鋼橋、竹子嶺隧道為古樸的磚造隧道，此景已隨著時代更迭而消失於歷史洪流中（三坑＝八堵）

⬆ 北上列車駛出竹子嶺隧道，畫面右方即為數年前停用的舊竹子嶺隧道（八堵＝三坑）攝影／林韋帆

貫串縱貫古與今 竹子嶺隧道與八堵鐵橋

位於基隆與八堵間的獅球嶺，曾是台灣縱貫鐵路北段建設時的瓶頸，也讓清朝巡撫劉銘傳為突破此處所開鑿的獅球嶺隧道，成為家喻戶曉的鐵道建設歷史。這段鐵路於日本時代進行改線，更變成於八堵車站北方跨越基隆河，並以竹子嶺隧道貫穿山地，向北續行基隆。

今日八堵至基隆的鐵路路徑與日本時代大致相同，但其中的八堵鐵橋與竹子嶺隧道在歷經數次改建後，才呈現如今日這般的風貌。現今於八堵站第三月台的基隆端，便可輕鬆觀賞南下列車衝出竹子嶺隧道，並越過雄偉的八堵鐵橋畫面。

⬇ 於鐵橋另一側紀錄北上列車駛過鐵橋前往基隆，過了鐵橋列車也隨即進入隧道之中（八堵＝三坑）

⬆ 現今於八堵站第三月台的基隆端，即可輕鬆欣賞南下列車衝出隧道、轟隆駛過八堵鐵橋的畫面（八堵）

⬆ 三軌區間的通勤印象，未來第三軌轉作客運使用後，相信將會呈現更為繁忙的都會風情（七堵＝百福）。

首都都會的繁忙寫照 三坑至汐科的三線區間與高架鐵路

七堵至樹林這段縱貫線鐵路，除了因部分都會通勤人口仰賴鐵道運輸外，也因為西部、東部幹線列車的運行區間在此重疊，造成了首都都會鐵路的繁忙景象。

為了紓解行車壅塞與消弭平交道，台鐵在這段鐵路間的部分區間進行地下化、高架化與三軌化的工程。其中地下化算是最早實行的計劃，其他兩項工程也於近年逐步施作成形。

三軌化區間的風情也可做為都會鐵路繁忙的代表景色，北部三軌路段最早於七堵至五堵貨場間成形，主要用於貨物列車進出貨場的連絡道之用，未來三軌區間將往南延伸至南港，提供客運列車更大的路線容量。

而高架鐵路則如同一條巨龍，穿梭於五堵、汐止、汐科三站之間的樓房之中。高架的鐵路與比鄰的高樓相映成趣，高高低低的鐵道路線遠遠望去饒富趣味！想要觀賞這種火車穿越樓房間半空中的情景，上述三個車站都是很好的選擇。

⬆汐止站南側為一處大彎道，數股的繁複配線與背景林立的樓房，刻劃出獨特的高架鐵路風景（汐止）。

⬇高架路線於汐科站北方有著顯著的坡度差，南下列車駛著背穿過高樓間的半空中，甚是有趣！此景於汐科站月台上便可輕鬆觀賞。

⬇駛過新五堵隧道北口的北上貨物列車，目前三軌區間於此分歧，向右轉往五堵貨場（五堵＝百福）。

⬇在五堵站月台的北端，就可以輕鬆望見南來北往的列車，進出高架段的上下坡畫面（五堵）。

⬆ 南下列車行經鶯歌與桃園間的路段，環境綠意盎然讓人心曠神怡（鶯歌＝桃園）。

縱貫北段難得的自然與寧靜
鶯歌、鳳山崎與崎頂的比鄰綠蔭

雖然說縱貫線鐵路北段大多是穿梭於城市、樓房之間，但除此之外仍存留著部分的原始環境，而豐富、自然的背景，也讓攝影作品充滿著更多的能量。

鶯歌至桃園沿線的部分區段，由於較為遠離市鎮的開發，讓鐵路旁仍留存著部分的原始與綠意。列車於此為了爬上桃園台地，鐵路路線呈現多彎迂迴，也使畫面取景更具變化。這段區間未來將會進行三軌化工程，也許地貌將因此產生重大的改變。

位於新豐與竹北間的鳳山崎路段，也是為了減緩坡度而讓路線迂迴而行，但不同的是鐵路於此部分行走於地塹中、部分因地勢高於地面甚多而顯得遼闊。鳳山崎南邊接續的鳳山溪橋，大大的彎道也是相當著名的攝影地點。

崎頂是一座已經相當接近竹南的小站，也因週遭的鄉村氣息而顯得優閒雅致、綠意盎然！這段縱貫線北段少數臨近海岸的區間，空氣中飄散著難得的海味。是看海與看火車的好選擇。

⬇ 鳳山崎區間部分路段駛於地塹之中，在土堤上便可欣賞列車呼嘯而過（竹北＝新豐）。

↑ 鳳山崎南邊緊鄰鳳山溪橋，大大的彎道配上綠油油的背景，是許多攝影者喜愛的地點（新豐＝竹北）。

↖ 鶯歌至桃園為克服坡地，產生許多迂迴的彎道。此景在未來三軌化工程進行後，也許會有重大變化（鶯歌＝桃園）。
攝影／陳柏儒

← 南下的運煤空車輕快駛過崎頂站北邊。此景與鳳山崎神似，但一旁夾雜著海邊防風林常見的樹種，為環境增添了些許海味（香山＝崎頂）。 攝影／林育駿

↓ 駛過地塹後海側為寬廣的視野，但山側依舊保有週遭的自然原始環境（新豐＝竹北）。

台灣鐵道車窗名山景

神聖的稜線其實離你很近

文／攝影　古庭維

人車擁擠，熙來攘往的竹北，居然也可以看到雪景嗎？答案是肯定的。意想不到的奇景，就在火車通過頭前溪時上演。

前方最近為北稜角，遠方為大霸尖山，整條聖稜線都超過海拔三千公尺。

把握寒流過後的晴空，搭火車可別睡著！

如果強烈寒流來襲後的兩三天，高氣壓接著通過台灣出海，搭火車經過頭前溪時，絕對要抬頭看看東方的天空，是不是掛著一條白色的線。那是傳說中大名鼎鼎的「聖稜線」。這條稜線北起海拔三、四九二公尺的大霸尖山，南端則為三、八八四公尺的雪山主峰，中途則有巴紗拉雲、布秀蘭、素密達、穆特勒布、雪山北峰、凱蘭特崑、北稜角等山峰，全程在海拔三千公尺以上，南半段更在三千五百公尺以上。一九二七年台灣山嶽會沼井鐵太郎首登大霸，見到這條冬日必定積雪、斷崖處處、地形險峻無比的稜線，大為讚嘆，於是稱其為「神聖的稜線」。要欣賞聖稜的英姿，以苗栗雪見、新竹觀霧或宜蘭太平山較有名，其實，搭乘火車就能看到了！

火炎山是山線鐵路的著名地標（崔祖錫攝影）

⬆ 雲霧中的大、小霸尖山。

➡ 由列車通過頭前溪，
大霸群峰乍然現身。

⬇ 列車通過頭前溪。

⬇ 由 3,703 公尺高的雪山北峰望向主峰，聖稜線南段海拔皆高於 3500 公尺。

鐵道沿線，歷史名場景

國姓爺斬妖除魔古戰場

文／攝影 古庭維

傳說中，鄭成功在台南擊退荷蘭人之後，率軍繼續北上。某日來到大嵙崁溪，卻遇雲霧繚繞，進路尋覓不得。經由居民通報，才知是鸚哥精與大鳶精在此作祟，於是架起大炮，將兩隻妖鳥給擊落。

鶯歌石下方的岩洞。

大漢溪兩岸雙妖並恃 鶯歌石與鳶山的故事

搭乘火車行經鶯歌，除了可以看到許多窯場的煙囪，也可以瞥見山腰上有一尊鳥形巨岩，腹部和翅膀形狀明顯，頭部則有殘缺，這就是有名的鶯歌石，是鶯歌的一大地標。從東鶯里平交道附近的登山口出發，只要二十分鐘就能登臨鶯歌石，步道完善，也有許多民眾在此健行。鶯歌石可以展望鶯歌車站周邊，亦能遠眺對岸的三峽市區。視線中低矮的山丘，稜線和緩隆起，上頭有幾根紅白相間的天線，就是以夜景著稱的鳶山。在民間的傳說故事裡，這一帶曾有一隻鳶精和一隻鸚哥精，隔著大漢溪吞雲吐霧，互較法力高下，居民苦不堪

由鶯歌市區近看鶯歌石。

鳶山聖蹟碑。

從山下就能看到的鳶山大鐘。

言，狀告國姓爺。結果兩隻妖鳥紛紛被大炮打下，鸚哥精被擊中頭部，落在北岸，化為巨石矗立於山腰上；鳶精的下巴被轟掉了，整隻趴在南岸，並留下張開的雙翼化作為山。如今我們都知道，鄭成功根本就沒有北上過，劍井、劍潭、鶯歌石、鳶山、獅頭山、拇指山所留下來的各種由來，當然也只是穿鑿附會而已。

鳶山標高三〇〇公尺，隔著大漢溪與鶯歌石遙遙相望，展望景觀奇佳，更是攝影愛好者最喜愛的練功地點之一。美景未必要搭配好天氣，霪雨霏霏的時刻，搭乘火車經過大漢溪畔，就如進入民間傳奇的場景，給予旅人無限的想像空間。

鳶山的展望風景非常著名。

鐵道園區

文／攝影　古庭維

大都會區裡隱身的鐵道故事

——等待機會大鳴大放的停用工場與獲得正名蒸汽火車國王

緊鄰松菸文創園區的台鐵台北機廠。

鐵道的發展，是一個國家近代化與工業化相當重要的幕後推手，因此先進國家都會在首都或工業重鎮設立鐵道博物館。台灣鐵道的歷史已經超過百年，至今依然沒有國家級的鐵道博物館，首善之都台北市，甚至是不斷地拆除鐵道遺跡，也沒有較大型的鐵道園區可以參觀。在太原路與市民大道路口，有一處「後火車站懷舊廣場」，企圖營造過去台北後站的意象，可惜陳列的是改造錯誤的車廂。其實台北市最值得期待的鐵道園區，就是已經停用的台北機廠。這座一九三五年啟用的老工場，是一九三〇年代台灣高度發展的見證，至今大致維持著當時的樣貌；許多大跨距的鋼筋混凝土建築，也是重要而珍貴的土木史蹟，因此它也包含了鐵道文化以外的多元價值。不過這座工廠停用後，雖然許多部

台北機廠組立工場擁有漂亮的大跨距結構。

份獲得保留，卻未直接轉為鐵道博物館使用，是較為可惜之處。

與台北市一河之隔的板橋，在新北市藝文中心保存了一輛DT670號蒸汽機車。這是台灣史上最大型蒸機DT650型的第20號車。原先這裡的保存條件也相當不理想，但二〇〇五年文化局決心整頓，重建展示館，將鐵柵欄改為大片玻璃，內外裝設大型解說看板。其中最具意義的是，這輛火車頭雖然掛牌DT675號，經過考據後證明其為DT670號，解說中也特別介紹作為正名。為了加強維護，每年持續編列預算整理，並找回退休師傅進行車輛保養，雖然場地依然狹窄，卻已是各地保存車輛的模範。

新北市藝文中心後方的蒸汽機車展示館。

掛著675號牌子的蒸汽機車其實是670號才對。

台北機廠員工澡堂於2000年指定為市定古蹟。

老師傅保養連結器構造。

展示館內看板解說蒸汽機車原理。

記憶中的鐵道

文／攝影 鄧志忠

消失的台灣頭鐵道

基隆臨港線

⬆港西街上的調車作業，準備將敞車推入聯勤營區，讓停靠在碼頭邊的「中」字號軍艦實施外島運補任務。

「各位旅客，本列車的終點，基隆站到了……」列車緩緩駛入，停妥在基隆站內第二月台畔，當列車車門打開，一股屬於海洋的氣味迅速地撲上鼻腔，站在車門便可看見車站外停滿著各式船舶，而月台雨遮一處不顯眼的柱子旁邊，標示著台灣縱貫鐵道起點0公里，彷彿想要告訴在這裡候車的旅人，基隆車站有著豐富的台灣鐵道歷史故事。

位在台灣頭的基隆，自古就是台灣北部最重要的門戶，基隆港聯繫著台灣對外航運，清代劉銘傳計畫由此修建鐵路，欲將台灣島內緊緊地串連在一起，海洋與鐵道的故事，無論在清朝、或是現在，總是那麼地密不可分！

鐵路旁的西岸高架橋，當年與臨港線鐵道同樣肩負了港埠運輸的重責大任，如今也先後功成身退，消失在基隆的街景中。

雖然是台灣鐵道的起點，但月台的盡頭可不是鐵道的終點，早些年前，延伸通往基隆港邊碼頭的鐵道，還繼續從基隆車站延伸出去。西元一九二八年基隆臨港線穿越了仙洞隧道後，鋪設到了牛稠港碼頭邊，負責吞吐停靠在基隆港西岸的進出口貨物。台灣光復之後，又繼續將基隆臨港線向外擴張，並開鑿了一座可以同時讓火車和汽車一起行走的「復興隧道」。腹地狹小的基隆港鐵道特色還不僅有這處，離這座山洞不遠處，還有一處少見的十字型交會，讓基隆臨港線與台肥側線在「流浪頭」相遇。

狹小的基隆港邊，居民緊鄰著碼頭與鐵道，當市區的汽機車越來越多、都市發展越趨密集、鐵道運輸的優勢不再之時，基隆臨港線活動的舞台越來越小，於是便有了拆除鐵道的聲音出現。二〇一二年時，通往港邊碼頭的鐵道竟只剩下西三到西四碼頭短短數百公尺的路線，繼續維繫著海洋與鐵道的關係。

百年來，基隆站外的鐵道風光都不盡相同，到了現在，他依然還在蛻變之中！

由基隆站進入西六聯勤軍用碼頭的路線，而左側的彎出路線則是繼續往仙洞、牛稠港的路線。

基隆港西街一帶原本也有四股「路面鐵道」，可以見到柴電機車在「公路」上調車。遠方西五碼頭停靠的合富輪，負責接運東引與馬祖的旅客。

通往基隆外港的臨港線路線，會先沿著西岸的中山路，穿過仙洞隧道後進入仙洞調車場。

基隆臨港線穿過仙洞隧道後緊接著一連串讓人驚艷的鐵道景色，雙K道岔、十字交會、鐵公路併用隧道。

復興鐵公路共用隧道讓臨港線鐵道環繞西碼頭一圈，是台灣僅有的獨特景觀。

記憶中的鐵道

文／圖　片倉佳史

日本時代・縱貫線北段

車站戳章的世界

日本時代的台灣，鐵路車站也有放置紀念章。小小的紀念戳章，將各地風土特色巧妙描繪，題材也相當豐富，讓您享受紙上的旅行。刻印的圖畫風景以及當地的圖樣是非常有新鮮感的，擁有吸引眾人目光的魅力。本次介紹的印章來自基隆至竹南間的車站。在本稿所刊載的紀念章，是從拙作《台湾風景印——台湾スタンプと風景印の旅》（玉山社）當中節錄出來的。感興趣的讀者可以從這邊參考。

基隆 きいるん

基隆是縱貫線的起點站，同時也是通往日本本土「內台航路」連絡船的轉乘站。車站的歷史可追溯至清國統治時代。車站面向著港灣，廣場上是首任總督樺山資紀的銅像。在紀念章裡畫著大大的連絡船，右側則見到基隆稅關（現海港大樓）。此外，也將海底的珊瑚描繪進來。當時台灣近海特產的珊瑚，在世界上享有相當的知名度。

基隆站是「內台連絡船」的轉乘站。

1908年竣工的基隆站（已消失）。

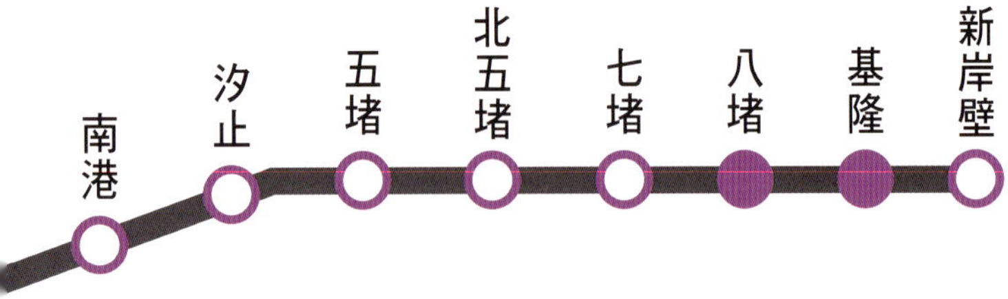

八堵 はっと

由基隆出發的列車，過了八堵橋之後就來到八堵站。這裡是縱貫線與宜蘭線鐵道的分岐站。此站於一八九九年七月廿日開業。紀念章以車站周邊的路線圖作為圖案，相當少見。左半部塗成黑色，是因為附近盛產有「黑色鑽石」之稱的煤炭。圖案中央是日本時代稱為基隆川的基隆河。基隆水道水源地就在車站附近，此站也是距離基隆中學最近的車站。

八堵站外的八堵橋。

台北 たいほく

鐵道運輸的根基台北站，擁有廣大的站場。鄰近車站還有調車場和倉庫的設置。站前廣場對面就是台灣最高級的「鐵道ホテル」（鐵道旅館），由鐵道部直營，對外足以代表台灣，但在戰爭時遭到炸毀（原址現為新光三越站前店）。戳章的中央為日期，是頗為特別的安排，而充滿魄力的雲也讓人印象深刻。圖中畫上的台灣神社的大鳥居，台灣總督府（現總統府）也可見到。背後三角形屋頂是台北公會堂（現中山堂），而前方塗黑的部份代表的是充滿綠意的台北新公園（現二二八和平紀念公園）。

台灣總督府。

台灣神社。

新公園西入口（現衡陽路）

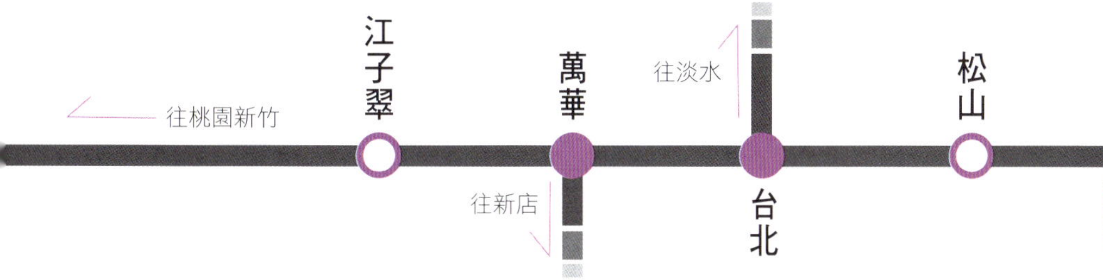

萬華 まんか

萬華是台北的發祥地。車站附近有許多寺廟，包圍在老街的情懷中。本站於一九〇一年八月廿五日開業。清國時代所鋪設的鐵道，並沒有通過此地，鐵道改線之後才於此設站。而台北鐵道會社線也由此開始，經由螢橋、公館通往新店，長十點四公里。印章中的龍山寺被畫得很大，前方則有遊船。紀念章的日期是以西曆記載，這在日本時代的紀念章之中相當珍稀。

日本時代明信片中的龍山寺。

板橋
いたはし

板橋與台北市隔著淡水河相對著。台北無線電信局的板橋送信所於此設立，於一九二八年完成，當時台灣的無線電波全都經由板橋收發。紀念章描繪的是林本源庭園（林家花園），生意盎然的樹木、華南樣式的庭園都簡潔地描繪出來。廣播電台的天線，出現在左側有些偏僻的位置。

日本時代的林本源庭園。

樹林
じゅりん

樹林是一個小鎮，台灣總督府專賣局的酒廠在此設立，因此也相當熱鬧。酒廠的員工超過二百位，車站的貨運相當興盛。由此到鶯歌之間，分佈著一些煤礦，此外，三峽附近的製茶業也很發達，因此樹林站的物資進出頻繁，貨物經由列車送往台北和基隆。這個印章的設計相當簡潔，圖案是貼有「老紅酒」標籤的酒瓶和當地名產香魚。

台灣總督府專賣局樹林酒廠。

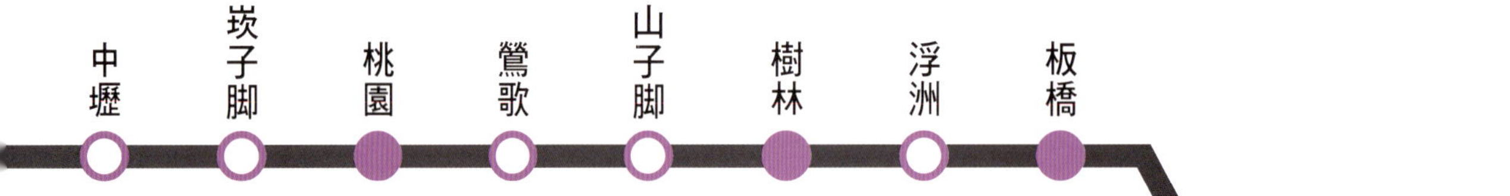

桃園車站舊貌。

桃園
とうえん

位於台北和新竹之間的桃園是一座商業都市，急行列車全都在此停靠。這一帶的製茶葉相當興盛，灌溉設施整備完成後稻作也開始發展，廣大的水田開始蔓延開來。桃園的地名由來，據說是在清國時代，由於在街道種植桃樹之故，當時的站名是「桃仔園」。紀念章所畫的是泰雅族男女，這是因為角板山是當時遊覽「蕃地」的知名地點。此外，出現在圖案右下角的是當時的名產「凱旋西瓜」。

桃園神社。

平鎮 へいちん

位在桃園台地上的小聚落平鎮，附近有許多充滿鐵質的紅色土壤，茶葉的栽植非常興盛。台灣總督府中央研究院的茶葉改良場即設立於此，栽培有數十種的茶樹。車站於一九○○年四月十日開業，原本稱為安平鎮，之後在一九二○年時改為平鎮，現在則稱為埔心。戳章圖案描繪的是在茶園中辛勤工作的少女，前方並將是茂盛的茶樹巧妙地畫出。

⬆ 平鎮一帶的採茶風景。

➡ 製茶女工。

新竹 しんちく

新竹車站於一八九三年十一月設立。當時台灣巡撫劉銘傳先鋪設了基隆到台北的鐵道，之後路線延長到新竹為止，不久後台灣的清國時代也告終止，新竹是台灣鐵路當時的終點站。現在的站房於一九一三年三月卅一日竣工，即將迎接其一百週年。自落成至今，新竹站是台灣最有代表性的站房之一。紀念章中有許多圖案，包括名產橘子和通草紙，被大大地畫出來。

➡ 新竹著名的米粉。

⬇ 1913 年落成的新竹車站。

車站時光

文／鄭育安

邁向百歲的堅毅身影 新竹車站

一座火車站之於一座城市，之於其中來來去去的人群們，彼此之間交織出的情感究竟是如何呢？這個問題始終存在於我的腦海中，一直思考著，我望向我從小看到大的新竹車站，持續思考著。

現今矗立於新竹市區的新竹車站，始建於一九一三年，為台灣總督府鐵道部的建築師松崎万長先生所設計，此外像是舊基隆車站、台中公會堂以及台灣總督府交通局鐵道部等建築，也同樣為松崎氏的建築作品。其實早於清領台灣時期，台灣鐵路台北至新竹段通車之時（一八九三年），就有第一代的新竹火車站存在，或許可能連現代的新竹人都不知悉，第一代車站就位於十八尖山山腳下，即現今麗池公園、玻璃工藝博物館附近。

時光匆匆流逝，新竹車站至今也將矗立於此一百週年，不同時代的環境、氛圍與人群，創造出一段段車站與人們不同的故事。在時光不停地向前，頭也不回下，科技日新月異的發達，高樓大廈可能在不久的將來佈滿車站週遭，一棟棟建築將可能突兀地劃過車站上方的天際線，而人們的價值觀正也不停地在轉變；不變的是，新竹車站依舊矗立於此，人潮穿梭於其中，希望未來也是。站在車站前方，望向熙熙攘攘，忙碌的人群們，時代的洪流可能已經吞噬了人們的心靈，每個人始終低著頭，滑動著手機螢幕，在等車時是，在車站裡是，在坐車時是，甚至在行走中都是，多少人曾抬起頭多看

午後的陽光透過細緻的窗格照進了車站大廳。

幾眼，這美麗的似巴洛克式車站？望向車站，將視線移回人群，試圖想在腦海中浮現，再過一百年，車站的情景將會如何，但結果似乎令人難以想像，而在一百年前搭著火車的人們，他們在車站的景象又是如何？想法又是什麼呢？

清代貢生吳德功於日治時期，在前往台北參加揚文會的途中，突遇大雨，便於新竹轉乘火車北上，在會後歸途中有感，遂提筆寫下：「新竹抵稻津，辰發午即至。儼似費長房，符術能縮地。旋轉任自如，水氣通火氣。水火交相用，繫易占既濟。逐電迅追風，敏捷勝奔馳。舉重有若輕，便捷兼爽利。」詩中首先述說火車的迅速，就有如仙人施了法術，使得地理空間瞬間縮小一般非常地神奇；也對於火車的狀態有所描寫，對於科技的發明與進步，除了令人感到新奇、驚奇與好奇外，也覺得生活因為有了火車，整個便利了起來。

生於二十一世紀的我們，或許可能很難想像當時他所經歷的心情，火車對於現在的我們來說，已經是日常生活不可或缺的交通工具，但對當時的人們來說，卻是非常新奇的事物，在對火車陌生的情形之下，有些人甚至還不能接受而感到排斥呢。在科技進步之下，台灣也開始有了高速鐵路，這或許可以讓我們對作者的心情稍加有所體悟吧。

每當走進新竹車站，看著列車駛進駛出，旅客來來去去，心中想著，或許還有一點沒有改變，那就是旅人們與送客人的心情，是那樣的離情依依與不捨，我握著手中的車票，旅途還會繼續下去呢！

↑ 日本時代的新竹驛與街景。

名片式車票

文／圖　蘇棨豪

名片式車票收藏趣味

小小車票大學問

現今不論是到車站窗口或自動售票機購票，買到的車票大多是有著橘色、藍色或綠色票底，印著電腦字體，票背可能還有黑色的磁性物質，薄薄的紙票；但在早年，台鐵所販售的車票乃由特製厚紙板裁切成固定大小，以鉛字排版印刷而成的「名片式車票」。相對於電腦感熱印製的車票，名片式車票因以油墨印刷，且紙質具一定強韌性而相對易於長時間保存，也因此逐漸衍伸出收藏車票的鐵道趣味。

名片式車票曾伴隨台鐵走過數十年的光陰，不論是隨著車種不同而繽紛的票底色彩，工整而穩重的票面字體及排版，或者刷過軋日機時規律的咖搭聲響，再再都透露著工藝技術的智慧與美感；車票的色彩配置及文字排版也隨著時代推進而呈現不同的風貌，從一張車票的版面甚至可以看出該票大致的印製年代，以及當時的一些經濟、社會背景，使其更具有歷史的價值。由於販售名片式車票前須事先向位於中壢的票務中心請印，且必須按照請領之順序販售，若一款車票實際銷售量不如請領時所預測，就會讓該票放在售票箱中數十年乏人問津，也因此在購買一些利用量較少的車票時，就有可能會買到二、三十年前所印製出來的「老古董」；拿著這些「活化石」車票，彷彿搭上時光列車回到過去，觸摸著二、三十年的歷史，過往的老時光也在眼前閃過。若以這些車票實際搭上一段旅程，更等於對這些車票賦予了獨一無二的記憶，讓車票的收藏昇華為

名片式車票語彙

車票的色彩、版面配置等隨著時代的推演而改變，直到今天，有些「特徵」可能仍以某種型式留存於現在使用的車票中，有些則消失在時代的洪流。這些特徵的存在與否常常變成判斷一張車票的年代，甚至歷史價值的依據。

底紋

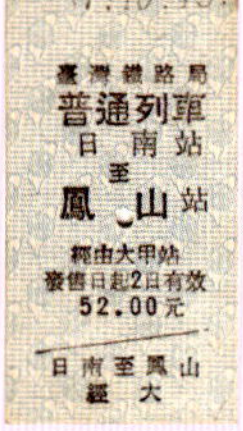

鐵路車票在使用前被視為是有價證券，有防止偽造以及塗改票面資訊的必要，因此在車票印上底紋以作為防偽及辨別的措施。現今使用的底紋乃自1966年開始印製，為兩鏤空圓並列，一個圓中印有台鐵局徽，另一個圓中則有台灣及代表海洋的橫線，並以此雙圓重複排列。早期另有整張車票佈滿橫線，並以較大的台灣圖及台鐵局徽重疊的圖形斜向重複排列的底紋，因為年代相對雙圓底紋為早而常被稱為「舊底紋」車票，或以其台灣圖形較大而稱為「大台灣底紋」車票。舊底紋票約在1974年間停止印製，至今存世量已不多，格外珍貴。

穿線孔

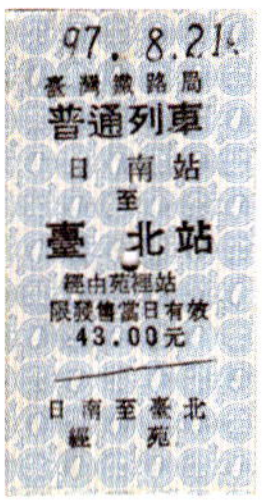

現在的名片式車票左下角都會有個圓形小洞，這小洞是在車票印製完成後，為方便清點與運送，票務中心在車票上打的洞。打洞的票以一百張票為單位，將棉線穿過洞後捆紮、加封，是為「一綑」。車票以整綑送抵車站儲存，要販售時才將棉線剪斷以逐張發售；因此車票上這個洞被稱為「穿線孔」。早期穿線孔位於正中央的車票稱為「中孔票」，1980年左右將穿線孔的位置改到車票左下角，成為今日所見到的「側孔票」。如果您買到一張「中孔票」，那該張票距今至少已有30年以上的歷史了呢！

小數點票價

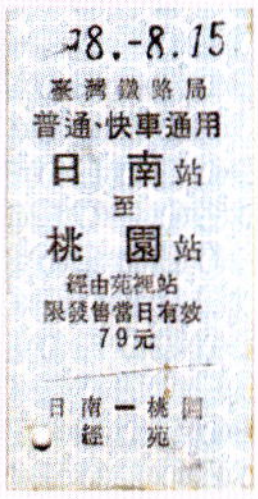

1980年5月前，車票的票價計算還是以5角為基本單位，因此票面上的價格仍會印到小數點後第二位（OO.XX元），之後票價計算改以整數「元」為單位，新印的車票也不再列上小數點以下的數字。今日仍有部分車票印有小數點的名片式車票常態發售，見證著這段「0.5元」的過去。

剪斷線

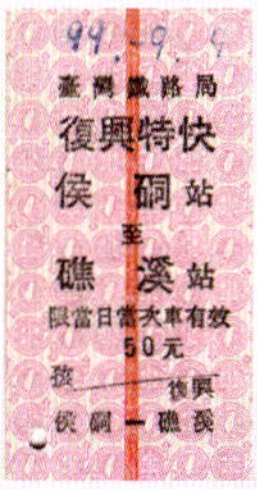

有些車票票價的下方會印有一條橫斷車票的斜線，稱為「剪斷線」。剪斷線大多出現在全票車票上，過去站員售票時，若需要販售半票但未請領該區間的半價票時，就會將全票車票沿剪斷線剪開，上半部當半價票發售給乘客，下半部則做為憑證，隨日報表（用來登記當日營業所得及售出之車票量）繳回台鐵會計處。在去回票上，剪斷線則變成「ㄇ」字形印在車票中段的右側，使用方法則類似單程票。1986年4月1日起，隨著台鐵取消剪斷線制度，新印的車票不再印上剪斷線，但原印有剪斷線之車票則繼續販售。

營業稅

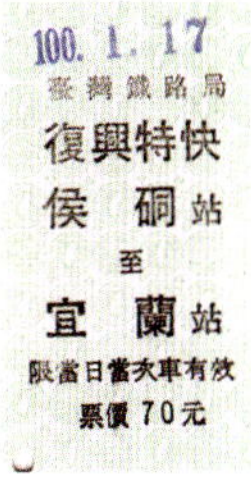

1986年4月剪斷線制度取消後，台鐵將5%營業稅的部分獨立在票價之外計算（在此之前營業稅其實已內含於票價中），因此票價部分變成「票價XX元稅X元總計XX元」，而以這種方式印刷的車票則被稱為「稅值票」。此一做法僅維持兩年多，1988年9月之後新印車票就直接印上總票價而不另列營業稅。

票號

票號是為了方便售票員統計販售車票數量，在車票背面的上下方印上的一組四位數字，自0000至9999順序印製，並且再加上A、B、C、D、AA、AB…DD等「字頭」，成為一組有21萬個數字的流水號碼。售票員在結帳時只要將結帳時車票背面的號碼減去上一次結帳時登記的號碼，就能知道這中間賣出多少車票。而像四個數字同號（0000、1111、2222……）的「鐵支票」，或者有特殊諧音意義的號碼（5168、1314……）等也常常成為收藏者所關注的焦點。

中空字

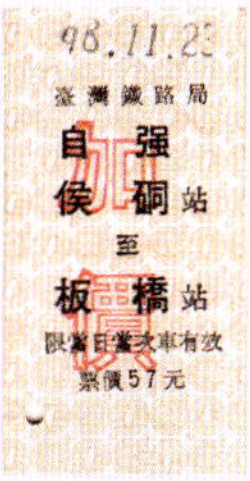

名片式車票除了票面上印製的實心文字之外，部分車票會在票底印上中空文字，通常代表這張票具有折扣或特殊用途。目前較常見的有「半價」表示半票；「孩」字表示為孩童票；「加價」則表示該張票是用來補足車種之間價差的加價票；若是有「異級」二字則表示持該張票旅行時至少需要換乘一次不同的車種，車票上也會標明換乘車種及轉乘站。

持名片式車票搭車，彷彿走入過去的旅行，也讓這張票成為旅程點滴的代表物。

旅行回憶的信物一般，永恆而令人回味無窮。

然而，名片式車票從印製、車站發售、對號列車劃位到結帳等操作倚賴大量人工作業，手續繁複，耗費人力、時間，且運作彈性不足；另外也需要一定空間儲存待售車票，限制了車站空間的利用。為簡化售票流程、精簡票務人力、增加運用彈性等理由，近年來台鐵陸續推動「車站窗口售票電腦化」以及自動售票機的裝設。隨著二○○一年全台車站售票電腦化完成以及自動售票機的普及，這些摸得到鉛印凹痕，帶有厚實「質感」及古老風味的名片式車票大多遭到銷毀，或者轉為備用票封存而不再發售，僅剩少數客運量不多，或者未裝設售票電腦的車站仍販售名片式車票。售票電腦化後繼續販售名片式車票的車站在庫存車票售完後大多不再請印；而部分仍可繼續請印車票的車站，在數年的販售以及區間車（電車）取代普快車行駛後，也清一色的僅存近二十年內的復興／電車車票，甚至是更現代的區間車票。隨著剩餘的老車票逐漸消失或被新版車票取

⬆因起迄站名組合而帶有吉祥意味的車票，成了集票趣味之中的後起之秀。許多遊客造訪保安、永康、追分等站時也不忘帶個幾張車票做為紀念或贈與親友；台鐵也會在特殊節慶活動時增印紀念款式以供收藏。

⬅2008年南科臨時站名片式紀念車票開賣時，群眾大排長龍搶購的景像

代，那種「穿越時空」的樂趣幾乎消失殆盡，留下單純的旅程記錄功能。

相對的，隨著「永保安康」因廣告走紅，「追分成功」、「加祿東海」等由站名組合帶有吉祥意義的車票則掀起了另一波的收藏風潮，許多民眾購買這些吉祥車票自己保留或者贈送親友，象徵祝福與期許，台鐵也因應此一熱潮屢次加印；此外，近年來台鐵也在新車站或路線開通營運、特殊紀念日或活動等場合印製名片式車票，以「復古」為賣點供民眾購買紀念，開賣當天也往往出現大排長龍搶購的光景；部分郵輪式列車也提供特別印製的名片式車票做為搭乘紀念品，可算是台鐵另類的行銷策略。名片式車票從過去肩負運輸票證重任，轉變成具有紀念品性質的特色商品，也讓車票收藏從過去少數人的興趣逐漸走向大眾化，進入你我的生活之中。

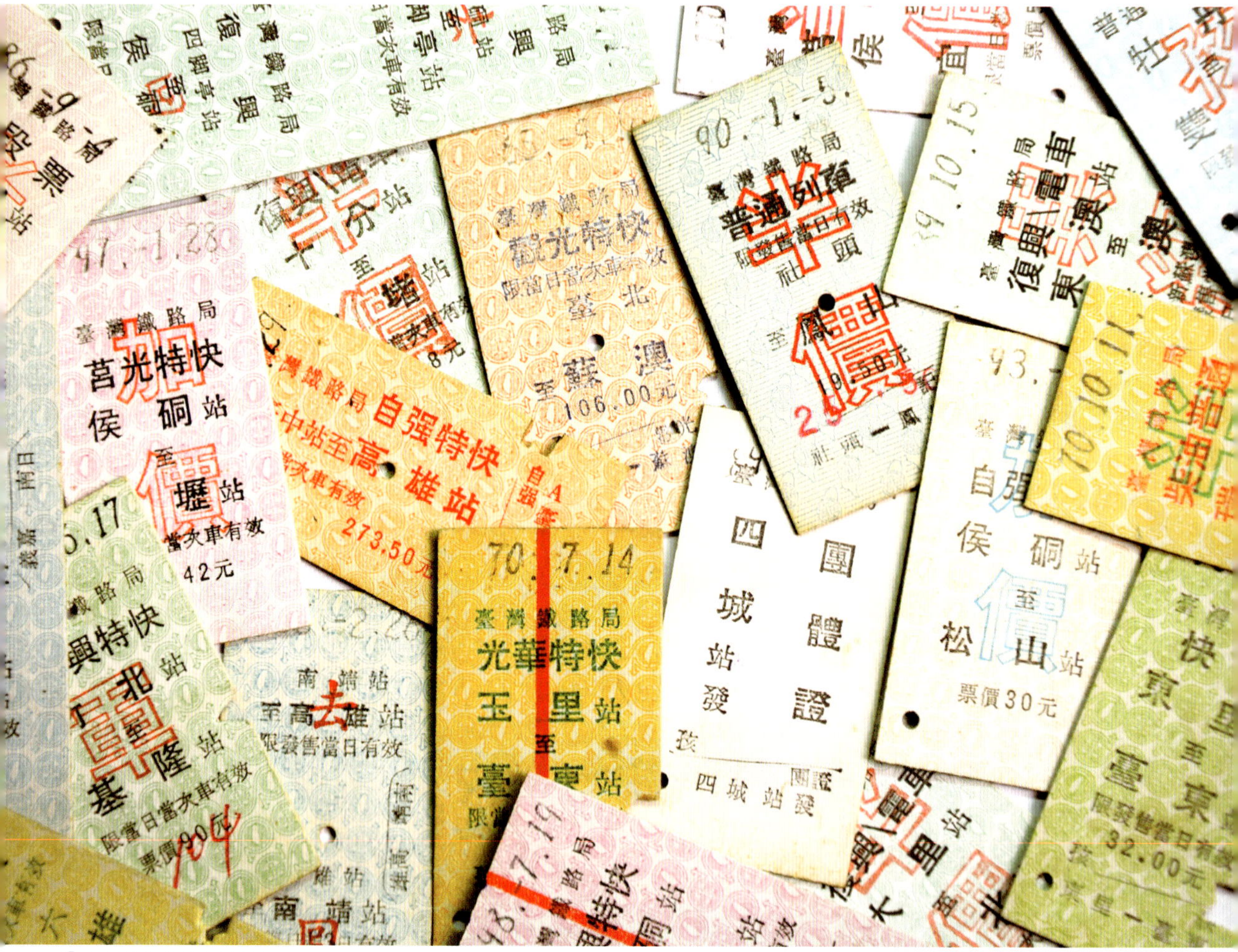

早年色彩繽紛的各種名片式車票。

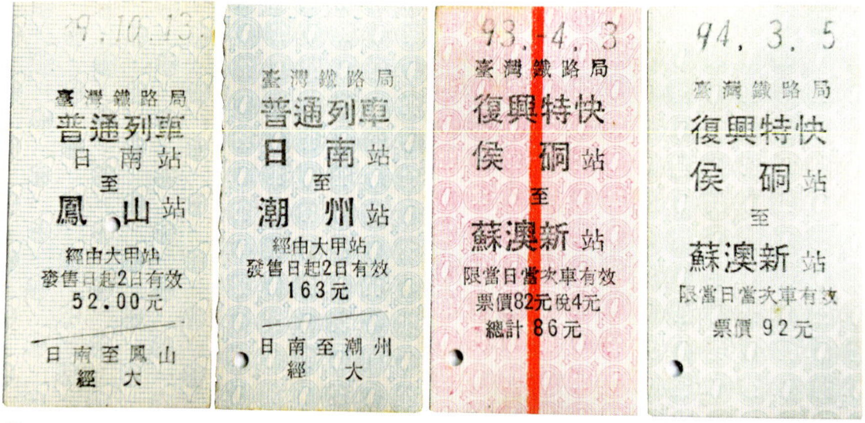

名片式車票上的色彩配置、文字排版等會因印製的時間不同而改變。

⬇ 隨著台鐵車站售票電腦化以及自動售票機裝設，這般畫面如今只能在部分小站才能看見了。

⬆ 因應各種活動所印製的紀念車票，例如內灣線復駛暨六家線通車紀念票、高雄港站末班車紀念票、北迴線通車30周年紀念票等等。

鐵道難關巡禮

文／圖　古庭維

一改再改的縱貫鐵線北段

造訪鐵道沿途天險境地

縱貫線的起點在基隆，鐵路要來到這個天然港灣，自然得越過山稜的阻礙。基隆與八堵之間，自古以來就是交通屏障，無論如何鐵路必須用隧道穿過。清朝時代築路時，為了縮短隧道長度，選擇在獅球嶺開鑿。這座獅球嶺隧道從一八八八年開工，長度僅有二三五公尺，卻由於地質變化複雜，負責工程的清國士兵與外國顧問互動不佳，導致進度緩慢、意外頻傳。甚至因南北兩端測量的差異，最後發現北口地勢較高只好再向下挖，使得北口洞門相當高聳。花了兩年的時間，這座全台鐵路第一洞終於完成，台北基隆間全線通車。為了表達此隧道的重要性，南口除了「曠宇天開」匾額，左右兩側還有對聯，上聯「五千年生面獨開羽轂飆輪，從此康莊通海嶼」，下聯「三百丈巖腰新闢天梯石棧，居然人力勝神工」。翻開地圖，獅球嶺越嶺段的鐵道線形，目前仍然清晰可辨。清朝時代的基隆車站，位置大約在現在的西岸碼頭，沿著現有鐵路南下，至安一路右轉一路往上爬，然後以一個ㄈ字型轉彎接上崇德路，之後就順著崇德路慢慢爬坡，而獅球嶺隧道北口正是在崇德路底端。這段路程最大坡度高達千分之五十，加上連續彎道，其實是不折不扣的「登山鐵道」。

獅球嶺路段曲度、坡度過大，造成日後運轉瓶頸，但在一百多年前的時空背景下能興建這樣的盤山展線，其實也堪稱一絕。

一八九八年，由日本政府興建的基隆到台北新線通車，鐵路改由竹子嶺穿過，筆直的雙線隧道長五四〇公尺，徹底改善了路線品質。在一九二三年時，當局又新建了一座雙線隧道，舊的則留給宜蘭線使用。雙孔隧道並列，直到二〇〇一年納莉颱風重創台北，當時大水沿著已停用的第一代竹子嶺隧道流入基隆市區，嚴重的災情讓老隧道走入歷史。因應新的防洪規格，連同八堵鐵橋墊高，第一代竹子嶺隧道灌漿後重新挖掘，新隧道於二〇〇八年啟用，兩端分別有「獅球新開」和「豁然開朗」的題字，而第二代隧道也在此時功成身退。新穎的電車飛快往來，人們已經很難體會古時的天險氣氛。

基隆市崇德街原為清代鐵道爬上獅球嶺的迂迴路線。

基隆與八堵間自古就是天險，鐵公路各自穿隧而過。

已經停用的第二代竹子嶺隧道。

台灣第一座鐵路隧道，於 1890 年完工的獅球嶺隧道。

迂迴的連續彎道成為運轉瓶頸點。

登山鐵道，台北就有！

劉銘傳所建設的台灣鐵路，常被尊稱為「台灣第一條」，然而在事實上，這條鐵路有太多的瓶頸點，加上橋樑建設不實，沒多久就柔腸寸斷，日本人來台後發現能用的路段不多，乾脆整條重建。其中改變最大的，就是從台北進入桃園的這段。一百多年來，不論是包含台鐵、縱貫道、國道、高鐵或機場捷運，都遇上這個課題。清代台鐵利用迴龍與龜山之間的河谷西進，只要跨過一次淡水河，然而延綿不絕的彎道和長上坡，成為運轉上的一大挑戰，日本政府接收台灣後，第一次試車即遭逢挫敗。

基隆台北新線通車後不到三年，台北新竹的新線也在一九〇一年通車，路線不再經過新莊、迴龍、龜山，而是從萬華跨過新店溪，再從浮洲跨過大漢溪，最後由鶯歌爬山桃園台地。但是這個「改良線」仍有缺點，關鍵就在鶯歌的登山路線，坡度依然太大，最後在一九一九年的大事故之後，當局痛定思痛決定再次改線。一九一九年六月廿一日，一列超載的南下列車，在鶯歌的爬

行駛於路堤上的火車。

縱貫鐵路在鶯歌市區西側大迴轉，途中可見兩列火車。

鶯歌的登山路段，後方就是桃園市區。

坡段突然脫鉤，後方車廂下滑翻覆，造成十三人死亡的慘劇，這是台灣鐵道史上第一次重大死傷的車禍，也促使火車車廂全面改用自動軔機。當時的路線就是今日鶯歌市區的中山路，車站則位在中正路口；為了延緩坡度，新線從市區東側開始往南繞，在尖山下才再次轉向北邊，而車站也因而遷至現址。一九二二年，更迂迴的新線通車，並且使用至今；當年改線時沿途有許多無主墳，一併集中到車站附近成為大墓公，也就是今日中正二路的萬善堂，從老街跨過天橋要前往陶瓷博物館時，一定會經過，只是很難將這個陰廟與鐵道有所聯想。

鶯歌到桃園間的路線，是非常典型的登山鐵道，在蒸汽機車的年代，甚至需要加掛車頭才能推上桃園。搭車行經其間，視野漸漸開闊，而後又進入路塹，能清楚感受火車慢慢爬高的感覺。沿途許多大轉彎、路堤、路塹，也成為鐵道同好取景的熱門路段。若我們到鶯歌對岸的鳶山上遠眺，便能清楚觀察這個迂迴的線形，堪稱在山線之外，縱貫線最精采的路線規畫。

R54
R54
120
44
有電勿近

崎頂車站是 1927 年縱貫線改線時才設立，原為號誌站。

往左鐵路為崎頂新線，向右則是由舊鐵道改建的公義路。

終點之前拐個彎

鐵路來到縱貫線北段的尾聲，再度遭逢地形考驗。翻開地圖，很輕易能發現香山與竹南之間，被一個狹長的丘陵地帶所阻隔。最早的縱貫線，選擇由尖筆山附近穿過，再繞進竹南市區，途中在制高處有一座長一四六公尺的「尖筆山隧道」，在一九〇一年（明治三十四年）七月四日竣工。然而此路段終究因為坡度過大，而成為瓶頸地點。二十年後北部路段開始進行雙軌化，藉此機會，路線改走經由崎頂的海岸線。至於尖筆山的舊線則改為公路，就是現在的台十三線公義路。再次翻開地圖，公義路由香山南邊的內湖與鐵路分開，最後又在竹南車站北側會合，鐵路的線形相當明顯。越嶺點的尖筆山隧道原先也改為公路使用，但後來在公義路拓寬時挖除；不過在鹽港溪誠仁橋下，已有一百多年歷史的磚造橋墩至今仍在使用中。

這段改線在一九二七年（昭和二年）完成，新線在崎頂設置號誌站，其北方新建第一、第二崎頂隧道，長度分別為一三〇及

崎頂隧道為雙線淨空，洞門以水泥磚砌成。

台13線鹽港溪誠仁橋留用第一代縱貫鐵路的老橋墩。

崎頂隧道洞門上留有太平洋戰爭的彈孔痕跡。

隧道公園涼爽清幽，是知名的舊鐵道景點。

六七公尺，隧道與號誌站同時啟用。這兩座隧道為雙線淨空，洞門以水泥磚砌成，內襯上半部的圓拱採用紅磚襯砌，造型相當氣派；由於兩者成一直線，可以一次望見兩個隧道口，許多台鐵早期的文宣品都用了這個經典的鐵道風景。不過，現在搭火車已經不走這兩座隧道。當年開鑿兩座隧道時離海岸還很近，但由於沿岸淤積之故，一九七〇年代電氣化開工時，海岸線已經擴展數百公尺，使得路線可以再度西移，更加改善路線的曲率。如今兩座老隧道已成為公園，連結崎頂站「老衢觀海」觀景平台，成為非常值得一遊的舊鐵道景點。

縱貫線北段問答集

鐵道問答集

文／圖　台大火車社

Q1 縱貫線北段行經全台灣人口密度最高的地區，再加上台鐵近年的捷運化政策，導致通勤車站如雨後春筍般冒出，請問有哪些車站是此政策下的產物？

A 「台鐵捷運化」這個概念最早是由交通部於二〇〇一年提出的「台鐵都會區捷運化暨區域鐵路先期建設計畫」而來，並搭配政府在二〇〇五年提出之新十大建設之一—台鐵捷運化來實施，並分佈在全國數個都會區執行，其細項包括了瓶頸路段改善、通勤車站興建、改建或整建現有車站、市區路段高架或地下化等，以達到車站密集、班次密集、票種單純等目標。其中，在北部地區，除了數個車站改建、七堵到南港三軌化外，最明顯的就是新增通勤車站了。自二〇〇三年基隆八堵間的三坑站通車開始，七堵五堵間的百福、汐止南港間的汐科、板橋樹林間的浮洲，以及新竹竹北間的北新竹站等五站已於近年陸續完工通車。未來，在南港到汐科間、鶯歌到桃園間、桃園到內壢間等區間內，也有許多興建中與規劃中之車站。除此之外，列車的排點、軌道緩急（快慢車）分離、服務品質及車站的動線導引等也都是實行捷運化時必須面對的課題。

浮洲車站。

Q2 台灣北部聚集了全台四成以上的人口，因此，在重要的交通設施上，常常人滿為患，那麼在本路段的車站中，有幾個車站的上下車人次統計表是排名前十？

A 翻開台鐵局所公佈的民國一〇〇年各車站上下車旅次統計，可發現排名前十的車站中，縱貫線北段就佔了七個名額！第一名是台北車站，上下車的旅次一年加起來達四千七百多萬人次，還較去年增加百分之六．九！第二及第三名分別是桃園與中壢車站，各有二千兩百多萬人與兩千零四百多萬，因為有眾多的桃園人通勤到台北上班之故，而松山、樹林、板橋、新竹等車站也名列前十，相較於排名墊底，平均一天不到一人的內獅站（一年總共二百八十七人），可謂天差地遠！如果將範圍擴大到前二十名的話，也有百分之五十五的車站落在本路段中。（十一～二十名共四個車站入榜：鶯歌、汐止、竹南與基隆）。

此外，台鐵於近十年大力推行捷運化政策，其中更以新建通勤站為首要目標，而北部就有四個。其中，以汐科站最突飛猛進，自二〇〇七年底通車以來，月均量從最初的一千兩百人，暴增到一萬七百多人！不但成長十倍，更贏過宜蘭、新營等地區！而其他通勤站的運量，包括百福、三坑等站也都較去年有百分之十七至十九的成長。

汐科車站。

Q3 縱貫線北段曾有或現有的客運支線分別有幾條？

A 曾經存在的客運支線總共有三條，分別是淡水線、新店線與林口線。淡水線的由來是為了加速運送縱貫線中段建設所需的材料，以及方便運輸從淡水港上岸的物資，起點台北，終點淡水。一九七○、八○年代末期，因為公路運輸崛起，加上劃定為台北都會捷運系統路線而於一九八八年停駛，舊的路廊變成今日的捷運淡水線；而新店線的起源則是與連結石碇、木柵等地的採煤台車線息息相關，提供沿線通勤與連接觀光地（碧潭）的功能，並從萬華通到新店。特別的是，經營的業主並非官方，而是私人的台北鐵道株式會社，直到戰後才由台鐵接收。可惜的是，其命運也和淡水線相仿，因為公路運輸的興起而沒落，接收不到二十年即廢止（一九六五年停駛）。在路線廢止後，其路跡大部分修建為公路，而沿線的貨運業務則由三年後通車的中和線取代。有趣的是，目前營運中的捷運新店線，除了萬華到公館外，路線基本上是相同的。

台北市汀洲路由廢止的新店線鐵路改建。

林口線（桃林鐵路）於一九六八年通車，為桃園站通往林口火力發電廠的貨運線。而其興建的目的主要即是運送從台中港上岸的燃煤到林口火力發電廠作業（經由台中港臨港線、縱貫線），另外，也曾有多條工廠支線連接此線，像是中油公司桃園煉油廠線、台泥桃園廠線等。二○○五年，在桃園縣政府的資助下，向台鐵租來兩輛柴油動力車（後改為冷氣柴客），辦理客運作為居民通勤之用，可惜已於二○一二年停駛。

而現存的客運支線則有一條內灣線。內灣線最早於一九四四年即動工，但是因為資金不足而暫停，到了戰後才正式完工通車（一九五一年），從新竹站通到新竹內山中繼站的內灣站，擔任起運送水泥（最大宗）、石灰石、煤炭與木材等物資，以及沿線的居民通勤，爾後，雖然公路運輸興起造成客、貨量減少，但是仍持續營運。二○○七年，因為興建高鐵新竹站聯外運輸（六家線），讓新竹到竹中站停駛，直到二○一一年六家線（竹中～六家）通車才恢復行車，並增設兩個通勤站。

Q4 縱貫線北段所行經的地形多變，從最北端的基隆河河谷，到中段的台北盆地、桃園台地，以及最末端的新竹平原，請問哪個路段最符合「山岳鐵道」的概念呢？

A 山岳鐵道的兩大特色在於路線為盤山展線及車輛擁有特殊設備，而前者又包括了迴圈、Ω形和Z字形等不同路線型態。而最符合此定義的，就在鶯歌桃園間，其原因在於在這八．二公里的距離之中，為了減緩列車爬上桃園台地的坡度，於是以盤山展線中的Ω形路線，也就是以迂迴的方式爬上台地。而桃園台地的南邊，新豐竹北間也是連續彎道配上陸坡，也極具登山鐵路特色。

新豐與竹北間的大彎道。 攝影／洪仲宜

Q5 共構和共站的差異為何？在此路段中，目前有哪些車站符合三鐵共站呢？

A 共構指的是不同的運輸系統「共用」同一個車站的「結構體」，並允許互相轉乘；共站的話則是不同的運輸系統有其「獨立」的車站結構體，並利用通廊或聯絡道連結不同的車站結構體，達到相互轉乘的目標。以台北車站為例，高鐵的月台是從以前台北車站的第一、第二月台劃分而來，重要的是，和台鐵使用中的第三、第四月台仍共用同一個站體，所以是兩鐵「共構」；而高鐵（台鐵）和捷運板南線則是利用通道相互連結，但站體卻是分開的，屬於三鐵「共站」。至於本路段中有哪些符合共構和共站定義的車站呢？除了上述的台北車站外，像是板橋站台鐵與高鐵為兩鐵共構，如果再加上捷運，也變成三鐵共站。

台北車站的指標。

Q6 首都最核心的車站—台北車站站體是經過多年來的演變才成為今日的樣貌，請問目前為第幾代的站體？

A 目前為第五代車站。台北車站最早的站房在劉銘傳時期的一八九一年和基隆台北段通車同時啟用，其位置就在當時的大稻埕地區邊緣，現址為中興醫院的地方，距離後幾代的車站較遠。之後，到了日治時代，由於清代所建設的鐵路在路線的標準與品質不佳，於是就另建新線取代，同時，舊的車站也走入歷史，並改稱為大稻埕乘降場（客運後來於一九一三年廢止）。

第二代車站於一九〇一年通車，坐落於目前館前路的起點（其終點為現今的台灣博物館）。作為殖民時代基礎重點建設的一環，因此花費不少心力在建設與宣傳上，包含設計成以兩層樓紅磚建築、山牆與斜式屋頂為特色的「文藝復興式」建築（類似今日之新竹站），並舉辦北台灣第一場的盛大鐵道開通式。而車站在完工後，由於旅客與班次增加，導致原有的空間不敷使用，雖然有局部增建，但成效不彰，因此，自一九三八年起，正式改建現有站房，於後兩年完工。

第三代站體的外觀為方形狀，裡面的空間不僅大且設施多樣。除了車站標準配備的售票房、候車室外，餐廳、理髮廳、郵局、置物櫃等等旅客相關之設施也應有盡有。同時，也是歷代車站中存活最久的車站，直到一九八六年因為鐵路地下化而拆除。

第四代車站則為一臨時站，暫時替代三年後啟用的第五代車站，而新的第五代站體為共有六層樓四方形建。空間配置的方面，一樓為售票大廳、二樓為金華百貨經營、三到六樓則是台鐵多個單位進駐；地下一樓為候車室與剪票口，地下二樓則為乘車的四個月台（第一、第二月台於二〇〇四年時劃分給高鐵）。多年來，其內部空間也不斷更換，包括二樓由微風廣場接手後，變成遊客絡繹不絕的美食街、中島票房移位讓中庭作為多功能展演廳，以及內部服務設施改善等，期許未來的台北車站能打造出新一番「首都車站」的模樣。

台北車站中島票房拆除前夕。

阿福號 EMU700 型最常在北部現蹤。

Q7 請問在本路段中，可見到哪些載客車種趴趴走呢？

A 台鐵的主要幹線，也就是西部幹線與東部幹線，而在這些幹線上行駛的對號快車，其起（終）點大部分都在本路段中哦，包括了西幹線的七堵（少部分基隆），以及東幹線的樹林，因此，幾乎所有的對號車種都見的到！包括西幹線最常見的PP自強號、車班略少的莒光號，以及一天僅數個班次的EMU300與暱稱為紅斑馬的EMU1200；東幹線的話則更多樣，除了PP自強號與莒光號外，近年速度最快的太魯閣號、跑台東及南迴線的柴聯車（DR2800—3100型），和五六日才有的加班復興號都看的到，等到台東線電氣化完工，又可看見新的傾斜式列車「普悠瑪號」在東幹線上奔馳。另外，如果你在上述兩個幹線的起點間的路段與車站，也就是七堵到樹林間，就幾乎可以觀察到所有對號車車種！

不過，此路段最常見的不是這些快車，而是負責載運北部龐大都會區通勤人口的區間車！尤其是八節編成，綽號阿福的EMU700，在尖峰時間的都會區，常見到它們的身影，不管是北上開往基隆，還是南下開往新竹或苗栗都一樣。而東幹線的區間車，則多半為EMU500型，而其起訖點幾乎是樹林及宜蘭線終點蘇澳，或是新竹發車，往山海線的同款列車。在其他區間車方面，較少擔任北部區間車的EMU400、前往六家線（起點新竹）的或偶爾跑到縱貫線奔馳的EMU600，以及八堵發車，前往平溪線的DRC1000冷氣柴客，而內灣線方面，也是同款列車，一樣在新竹站可見到。因此，除了只剩南迴線在跑的藍皮普快車與台東線的DR2700光華號普快車外，幾乎所有車輛，不管是對號也好，非對號也好，都會在本路段現身。此外，因為辦理包車或是節慶活動而不定時出現的列車，像是近年熱門的蒸汽機車CK124，或是前些日子爆紅的客廳車，甚至只跑台東線的光華號普快車，都曾出現在本路段中。有機會的話，找個觀賞列車的好地點，看著時刻表，觀賞自己所喜愛的車輛！

⬆ 龜崙嶺一帶的清代舊線（現在的台 1 甲線公路）。

Q8

縱貫線北段大部分的路段早在清朝末年已通車營運，但是，路線也經歷過幾次的重建、改線等，才逐漸變成大家熟悉的面貌，那主要是哪三段路線經過改線呢？

A 先從最北的來說，即為獅球嶺隧道及其附近路段改線，原因在於清朝當初興建基隆往台北的要道─獅球嶺隧道的施工標準不佳，加上技術不足與地質多變而品質低落，即使「順利」貫通與通車，但是其千分之二十六的陡坡，讓當時的列車往往吃不消，而有「倒退嚕」回基隆的狀況發生，因此，在日本接收台灣之後，便著手訂定改良工程，將此段路線改線，並在附近興建新的隧道「竹仔寮隧道」營運至今。

接著則是最為明顯的改線路段，也就是清朝台北往桃園的路段從原先經過新莊、龜山段，在日治時代改成經由萬華、板橋。而改線主要的原由有二，其一是列車從台北站出站後不久後，就要橫渡淡水河了，因此便著手興建孔木橋，並設有手動開關，可開啟與關閉讓方便船隻通行。可惜的是，由於其施工品質不良加上遭逢天然災害導致斷橋，讓日人決定更改路線，於較上游處跨過淡水河。其二是台北往新竹的路線中必須「爬上」桃園台地，因此，從海山口（新莊）到龜崙嶺（龜山）的路段是又陡（急陡坡）又彎（多彎道）的，讓列車相當吃力，甚至和獅球嶺路段一樣，有列車倒退嚕的情形發生。而日人為了改善其問題，於是將路線改跨越新店溪，行經萬華、板橋與鶯歌等桃園台地「山腳」下的聚落，最後，再以較迂迴的方式爬上桃園台地，也間接導致新莊等地的沒落。

最後一個是新竹湖口路段的改線。此路線改線的原由也是為了要改善附近路線（新豐站北側）坡度與彎度過大，以及路基不穩等造成行車不穩等因素，於一九二〇年代施工與通車，並新增了富岡（伯公岡）站，而湖口及附近的楊梅站則是遭逢遷站的命運，讓在遷站前因鐵道而興盛的湖口商店街因此而落寞，直到今日才因為古蹟旅遊盛行（湖口老街），漸漸恢復往日的光采。

Q9 台鐵最早試驗電子票證乘車便是在北部路段，那本路段有哪些車站可以使用？

A 答案就是基隆到竹南間各站皆可使用。台鐵局最早於二〇〇八年六月即試辦台北到樹林間悠遊卡的電子票證服務，於十月再擴展到基隆與中壢間，讓民眾不必排隊買票，直接刷卡進站，提升站內旅客的流動效率。之後，隨著使用人數與投入廠商增加（台灣通與遠東ＥＴＣ卡加入）而逐漸擴展至今日的規模。另外，讀卡機也從最初的單獨感應器，到現今直接裝設感應器於電子閘門上，使進出站更加方便通順。

北部車站常見的多功能電子閘門。

Q10 本路段中除了形形色色的客運車輛外，主要還可以看到哪些「貨運」列車呢？

A 台鐵貨運自黃金期的六十、七十年代以來，逐漸衰落，因此，目前可見到的貨運列車種類已不復當年了。例如，過去最著名且班次最多的，是來自龍井煤廠的運煤列車，在桃園站轉線後，前往林口線終點─林口火力發電廠卸煤；而在本路段的富岡、新竹貨物站，則有側線連接一旁的麵粉廠，因此，可見到運送小麥的穀斗車。其他的，像是跨線往東部的貨櫃列車與水泥列車，以及石斗車、篷斗車，甚至較少出沒的軍事列車（在中壢站編組）等，都會奔馳於此路段中，下次在搭乘列車或在車站候車時，不妨注意一下。

富岡站外麵粉廠的穀斗車。

車站全覽

文／圖　台大火車社

足旅32站，縱貫線北段全覽

基隆～竹南

三坑（簡易）
25°　07'23.04" 北；121°　44'31.28" 東
基隆市仁愛區龍安街 206 號
北部第一座捷運化通勤車站。

基隆（一等）
25°　07'55.91" 北；121°　44'22.67" 東
基隆市仁愛區文昌里港西街 5 號
台灣緯度最北的車站。

八堵（一等）
25°　06'29.75" 北；121°　43'45.22" 東
基隆市暖暖區八南里八堵路 142 號
縱貫線與宜蘭線之分歧點。

七堵（一等）
25°　05'35.27" 北；121°　42'52.48" 東
基隆市七堵區正光里崇禮街 1-1 號
舊七堵前站為基隆市歷史建築。

汐科（簡易）
25°　03'45.22" 北；
121°　38'47.69" 東
新北市汐止區大同路二段
182 號

汐止（二等）
25°　04'07.83" 北；
121°　39'43.47" 東
新北市汐止區信望里信義路 1
號

五堵（簡易）
25°　04'40.24" 北；
121°　40'03.72" 東
新北市汐止區長安里長安路
17 號

百福（簡易）
25°　04'04.82" 北；
121°　41'37.11" 東
基隆市七堵區堵南里明德三
路 1-1 號

南港（二等）
25° 03'11.75" 北；121° 36'25.33" 東
台北市南港區忠孝東路七段 397-2 號，台鐵、高鐵與捷運共構的車站。

萬華（一等）
25° 03'37.56" 北；
121° 50'12.96" 東
台北市萬華區富福里康定路 319， 382 號

台北（特等）
25° 04'79.76" 北；121° 51'73.72" 東
台北市中正區黎明里北平西路 3 號
首都中央車站，2012 年度上下車旅客、營收全台鐵第一名。台鐵、高鐵與捷運共站。

松山（一等）
25° 02'57.60" 北；
121° 34'40.85" 東
台北市信義區慈祐里松山路 2 號

山佳（三等）
24° 97'30.75" 北；
121° 39'27.25" 東
新北市樹林區中山里山佳街 28 號
舊站房為新北市市定古蹟。

樹林（一等）
24° 99'11.84" 北；
121° 42'47.83" 東
新北市樹林區樹北里鎮前街 112 號

浮洲（簡易）
25° 00'41.28" 北；
121° 44'46.78" 東
新北市板橋區僑中二街 156 號，為北部最新之捷運化通勤車站。

板橋（一等）
25° 01'38.75" 北；
121° 46'38.08" 東
新北市板橋區文化路一段 54 號，與高鐵、捷運共站

鶯歌（二等）
24° 95'44.79" 北；121° 35'55.74" 東
新北市鶯歌區東鶯里文化路 68 號

埔心（三等）
24° 55'10.03" 北；
121° 11'1.19" 東
桃園縣楊梅鎮埔心里永美路
208 號

中壢（一等）
24° 95'36.62" 北；121°
22'57.44" 東
桃園縣中壢市石頭里中和路
139 號
2011 年上下車旅客量排名第
三。

內壢（三等）
24° 97'27.60" 北；
121° 25'81.99" 東
桃園縣中壢市中原里中華路
1 段 267 號

桃園（一等）
24° 98'89.62" 北；
121° 31'37.95" 東
桃園縣桃園市武陵里中正路
1 號
2012 年上下車旅客量排名第
二。

北湖站（甲種簡易）
24° 55'20.38" 北；
121° 03'21.01" 東
新竹縣湖口鄉東興村北湖路
1 號

富岡（三等）
24° 56'3.94" 北；121° 4'59.04" 東
桃園縣楊梅鎮富岡里成功路 37 號

楊梅（三等）
24° 54'50.50" 北；
121° 8'45.64" 東
桃園縣楊梅鎮楊梅里大成路
256 號

↑ 北新竹（簡易）
24° 48'31.56" 北；
120° 59'1.77" 東
新竹市東區東園里中華路一段 291-2 號

↑ 竹北（三等）
24° 50'21.01" 北；
121° 0'34.03" 東
新竹縣竹北市竹義里和平街 59 號

↑ 新豐（三等）
24° 52'11.28" 北；
120° 59'48.40" 東
新竹縣新豐鄉員山村新興路 202 號

↑ 湖口（三等）
24° 54'10.32" 北；
121° 2'38.85" 東
新竹縣湖口鄉仁勢村中山路 2 段 121 號

↓ 新竹（一等）
24° 48'5.92" 北；120° 58'18.12" 東
新竹市榮光里中華路 2 段 445 號
國定古蹟（1913 年啟用）。

↑ 崎頂（招呼）
24° 43'22.37" 北；
120° 52'18.82" 東
苗栗縣竹南鎮崎頂里 56 號

↑ 竹南（一等）
24° 41'12.00" 北；
120° 52'49.37" 東
苗栗縣竹南鎮中山路 166 號

↑ 香山（甲種簡易）
24° 45'47.26" 北；120° 54'49.95" 東
新竹市朝山里中華路 5 段 347 巷 2 弄 27 號
木造站房，新竹市定古蹟（1927 年建）。

崎頂站。攝影／古庭維

作者 古庭維、陳穩立、鄧志忠、片倉佳史、蘇棨豪（半島）、王晟懿、黃偉嘉、陳映彤、陳威勳、許洋豪、邱柏瑞、周昀徵、台大火車社
總策劃 古庭維
編輯顧問 傅新書
編輯 賴虹伶
特約美編 李淨東
行銷經理 叢榮成
執 行 長 呂學正

社長 郭重興
發行人兼出版總監 曾大福
出版者 遠足文化事業股份有限公司
地址：231 新北市新店區民權路 108-2 號 9 樓
電話：(02)2218-1417
傳真：(02)2218-8057
郵撥帳號 19504465
客服專線 0800-221-029
E-mail service@ bookrep.com.tw
部落格 http://777walkers.blogspot.com/
網址 http://www.bookrep.com.tw
法律顧問 華洋法律事務所 蘇文生律師
印製 成陽印刷股份有限公司
電話：（02）2265-1491
定價 299 元
第二版第一刷 中華民國 103 年 9 月
ISBN 978-986-5787-56-1

線上讀者回函

國家圖書館出版品預行編目(CIP)資料

鐵道新旅：縱貫線北段：32站深度遊 / 古庭維等作.
-- 第二版. -- 新北市 ： 遠足文化, 民103 .09
面 ； 公分
典藏版

ISBN 978-986-5787-56-1（平裝）
1.火車旅行 2.台灣遊記 3.鐵路車站

733.6 103015068